# *Taller de* escritores

## Grammar and Composition for Advanced Spanish

**Guillermo Bleichmar**
St. John's College

**Paula Cañón**

**VISTA** ®
HIGHER LEARNING

Boston, Massachusetts

*Taller de*
**escritores**
Grammar and Composition for Advanced Spanish
GUILLERMO BLEICHMAR | PAULA CAÑÓN

**Publisher:** José A. Blanco

**Managing Editors:** Eugenia Corbo, Paola Ríos Schaaf (Technology)

**Editors:** Lauren Krolick, Darío González (Technology)

**Director of Design and Production:** Marta Kimball

**Design Manager:** Susan Prentiss

**Design and Production Team:** María Eugenia Castaño, Oscar Díez, Mauricio Henao, Andrés F. Vanegas García, Nick Ventullo

Printed in Canada.

ISBN: 978-1-61767-100-5

Library of Congress Control Number: 2010942654

6 7 8 9 TC 17 16 15 14 13

# The Vista Higher Learning Story

## Your Specialized Foreign Language Publisher

Independent, specialized, and privately owned, Vista Higher Learning was founded in 2000 with one mission: to raise the teaching and learning of world languages to a higher level. This mission is based on the following beliefs:

- It is essential to prepare students for a world in which learning another language is a necessity, not a luxury.

- Language learning should be fun and rewarding, and all students should have the tools necessary for achieving success.

- Students who experience success learning a language will be more likely to continue their language studies both inside and outside the classroom.

With this in mind, we decided to take a fresh look at all aspects of language instructional materials. Because we are specialized, we dedicate 100 percent of our resources to this goal and base every decision on how well it supports language learning.

That is where you come in. Since our founding in 2000, we have relied on the continuous and invaluable feedback from language instructors and students nationwide. This partnership has proved to be the cornerstone of our success by allowing us to constantly improve our programs to meet your instructional needs.

The result? Programs that make language learning exciting, relevant, and effective through:

- an unprecedented access to resources

- a wide variety of contemporary, authentic materials

- the integration of text, technology, and media, and

- a bold and engaging textbook design

By focusing on our singular passion, we let you focus on yours.

The Vista Higher Learning Team

500 Boylston Street, Suite 620  Boston, MA 02116-3736  TOLLFREE: 800-618-7375
TELEPHONE: 617-426-4910  FAX: 617-426-5215  **www.vistahigherlearning.com**

# Taller de escritura

# Taller de escritura

# TO THE STUDENT

**Taller de escritores** offers a unique approach to teaching Spanish composition. Each lesson begins with an engaging reading selection that serves as a springboard both for discussion and compositional analysis. After that, a series of language "workshops" covering vocabulary, grammar, spelling, and punctuation give you the tools to master written Spanish. Finally, three process-oriented writing workshops provide you with the necessary framework to be a successful writer, with clear, concise presentations, student models, and step-by-step support for your writing assignments, including tips on editing and peer review. **Taller de escritores** helps you become a better writer both in and out of class. In addition to the types of compositions you might be expected to write in an academic setting, you will use practical, real-life formats, including film reviews, op-eds, letters to the editor, and cover letters.

Here are some of the features you will encounter in **Taller de escritores:**

- Annotated readings, featuring fiction and nonfiction selections

- A lexical section to help you develop precision and variety

- Thorough grammar presentations that focus on usage

- Coverage of key punctuation and spelling topics

- A process approach to writing, covering description, narration, exposition, and argumentation

- A focus on argumentative writing, integrated in every lesson at an accessible and progressively higher level

- Sample writing assignments that reinforce good writing and provide additional opportunities for reading and discussion

- A variety of opportunities for writing, including both academic and nonacademic formats

- Cross-references to **A Handbook of Contemporary Spanish Grammar,** Vista Higher Learning's grammar reference

- Ⓢupersite Online resources, included with every new student edition (see p. xix)

We are confident that **Taller de escritores** will help you become a successful writer!

# Lesson Opener

- **Photos** Compelling photos and thought-provoking questions are a springboard for class discussion.

- **Quotes** Quotes from renowned writers provide special insights into the art of writing.

- **Introduction** A brief introduction presents the type of composition that will be the focus of the lesson.

- **Lesson overview** A lesson outline prepares you for the reading, language topics, and writing workshops you will encounter in the lesson.

- *Expansión* A cross-reference feature points you to related content in **A Handbook of Contemporary Spanish Grammar**.

# Lectura

- **Author bio**  A brief biography gives you background information about the writer and the reading.

- *Lectura*  Comprehensible and compelling readings present new opportunities for exploring the genre featured in the lesson.

- **Sidebars**  Sidebars draw your attention to strategies the author uses that you can incorporate in your own writing.

# Lectura

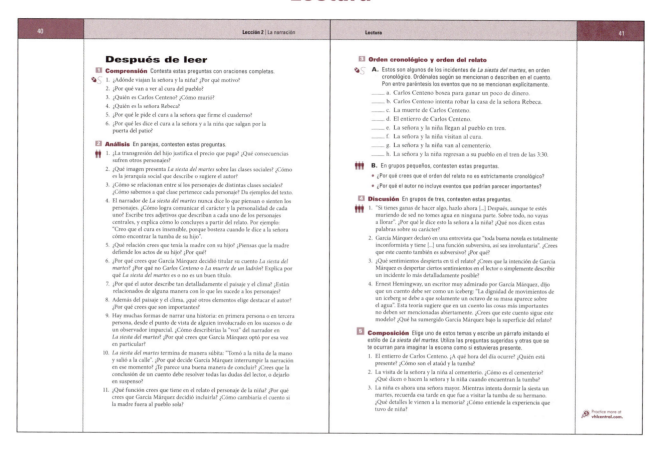

## Después de leer

**1 Comprensión** Contesta estas preguntas con oraciones completas.

1. ¿Adónde viajan la señora y la niña? ¿Por qué motivo?
2. ¿Por qué van a ver al cura del pueblo?
3. ¿Quién es Carlos Centeno? ¿Cómo murió?
4. ¿Quién es la señora Rebeca?
5. ¿Por qué le pide el cura a la señora que firme el cuaderno?
6. ¿Por qué les dice el cura a la señora y a la niña que salgan por la puerta del patio?

**2 Análisis** En parejas, contesten estas preguntas.

1. ¿La transgresión del hijo justifica el precio que paga? ¿Qué consecuencias sufren otros personajes?
2. ¿Qué imagen presenta *La siesta del martes* sobre las clases sociales? ¿Cómo es la jerarquía social que describe o sugiere el autor?
3. ¿Cómo se relacionan entre sí los personajes de distintas clases sociales? ¿Cómo sabemos a qué clase pertenece cada personaje? Da ejemplos del texto.
4. El narrador de *La siesta del martes* nunca dice lo que piensan o sienten los personajes. ¿Cómo logra comunicar el carácter y la personalidad de cada uno? Escribe tres adjetivos que describan a cada uno de los personajes centrales, y explica cómo lo concluyes a partir del relato. Por ejemplo: "Creo que el cura es insensible, porque bosteza cuando le dice a la señora cómo encontrar la tumba de su hijo."
5. ¿Qué relación crees que tenía la madre con su hijo? ¿Piensas que la madre defiende los actos de su hijo? ¿Por qué?
6. ¿Por qué crees que García Márquez decidió titular su cuento *La siesta del martes* y no *Carlos Centeno* o *La muerte de un ladrón*? Explica por qué *La siesta del martes* es o no es un buen título.
7. ¿Por qué el autor describe tan detalladamente el paisaje y el clima? ¿Están relacionados de alguna manera con lo que les sucede a los personajes?
8. Además del paisaje y el clima, ¿qué otros elementos elige destacar el autor? ¿Por qué crees que son importantes?
9. Hay muchas formas de narrar una historia: en primera persona o en tercera persona, desde el punto de vista de alguien involucrado en los sucesos o de un observador imparcial. ¿Cómo describirías la "voz" del narrador en *La siesta del martes*? ¿Por qué crees que García Márquez optó por esa voz en particular?
10. *La siesta del martes* termina de manera súbita: "Tomó a la niña de la mano y salió a la calle". ¿Por qué decide García Márquez interrumpir la narración en ese momento? ¿Te parece una buena manera de concluir? ¿Crees que la conclusión de un cuento debe resolver todas las dudas del lector, o dejarlo en suspenso?
11. ¿Qué función crees que tiene en el relato el personaje de la niña? ¿Por qué crees que García Márquez decidió incluirla? ¿Cómo cambiaría el cuento si la madre fuera al pueblo sola?

## 3 Orden cronológico y orden del relato

**A.** Estos son algunos de los incidentes de *La siesta del martes*, en orden cronológico. Ordénalos según se mencionan o describen en el cuento. Pon entre paréntesis los eventos que no se mencionan explícitamente.

____ a. Carlos Centeno boxea para ganar un poco de dinero.
____ b. Carlos Centeno intenta robar la casa de la señora Rebeca.
____ c. La muerte de Carlos Centeno.
____ d. El entierro de Carlos Centeno.
____ e. La señora y la niña llegan al pueblo en tren.
____ f. La señora y la niña visitan al cura.
____ g. La señora y la niña van al cementerio.
____ h. La señora y la niña regresan a su pueblo en el tren de las 3:30.

**B.** En grupos pequeños, contesten estas preguntas.

- ¿Por qué crees que el orden del relato no es estrictamente cronológico?
- ¿Por qué el autor no incluye eventos que podrían parecer importantes?

## 4 Discusión En grupos de tres, contesten estas preguntas.

1. "Si tienes ganas de hacer algo, hazlo ahora [...] Después, aunque te estés muriendo de sed no tomes agua en ninguna parte. Sobre todo, no vayas a llorar". ¿Por qué le dice esto la señora a la niña? ¿Qué nos dicen estas palabras sobre su carácter?
2. García Márquez declaró en una entrevista que "toda buena novela es totalmente inconformista y tiene [...] una función subversiva, así sea involuntaria". ¿Crees que este cuento también es subversivo? ¿Por qué?
3. ¿Qué sentimientos despierta en ti el relato? ¿Crees que la intención de García Márquez es despertar ciertos sentimientos en el lector o simplemente describir un incidente lo más detalladamente posible?
4. Ernest Hemingway, un escritor muy admirado por García Márquez, dijo que un cuento debe ser como un iceberg: "La dignidad de movimientos de un iceberg se debe a que solamente un octavo de su masa aparece sobre el agua". Esta teoría sugiere que en un cuento las cosas más importantes no deben ser mencionadas abiertamente. ¿Crees que este cuento sigue este modelo? ¿Qué ha sumergido García Márquez bajo la superficie del relato?

## 5 Composición
Elige uno de estos temas y escribe un párrafo imitando el estilo de *La siesta del martes*. Utiliza las preguntas sugeridas y otras que se te ocurran para imaginar la escena como si estuvieras presente.

1. El entierro de Carlos Centeno. ¿A qué hora del día ocurre? ¿Quién está presente? ¿Cómo son el ataúd y la tumba?
2. La visita de la señora y la niña al cementerio. ¿Cómo es el cementerio? ¿Qué dicen o hacen la señora y la niña cuando encuentran la tumba?
3. La niña es ahora una señora mayor. Mientras intenta dormir la siesta un martes, recuerda esa tarde en que fue a visitar la tumba de su hermano. ¿Qué detalles le vienen a la memoria? ¿Cómo entiende la experiencia que tuvo de niña?

Practice more at **vhlcentral.com.**

- *Después de leer* Activities check your understanding and prompt you to discuss the topic of the reading and express your opinions. Activities that focus on the structure and characteristics of the genre prepare you for the **Taller de escritura** section later in the lesson.

- **Supersite** Icons let you know exactly what material is available online. See pp. xviii and xix for more information.

# Taller de lengua

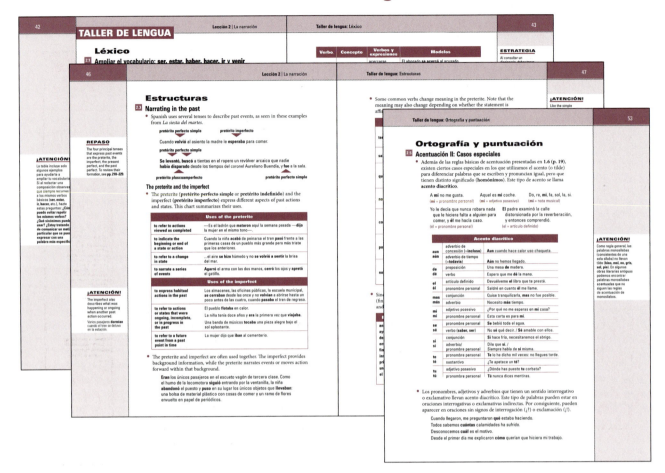

- *Taller de lengua* This strand provides the tools you need to increase your vocabulary, consolidate and expand your knowledge of grammar and usage, and master spelling and punctuation.

- *Léxico* The vocabulary section enables you to go beyond basic Spanish vocabulary and to increase your awareness of lexical difficulties, including false cognates and anglicisms.

- *Estructuras* Grammar presentations focus on usage and function, and are geared toward improving your writing skills.

- *Ortografía y puntuación* The spelling and punctuation section will help you master the rules for Spanish accents and capitalization, among other topics, and will help you use punctuation successfully, focusing on differences in usage between Spanish and English.

- **Sidebars** *Atención*, *Repaso*, and *Estrategia* sidebars expand the presentations and help you make connections to what you already know and to other sections of the text.

# Taller de lengua

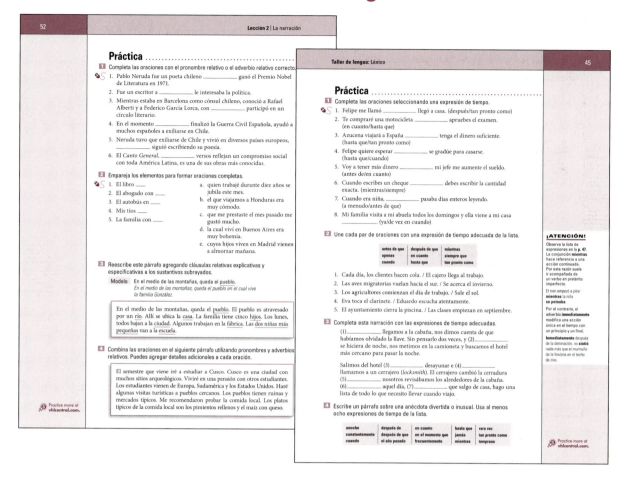

- *Práctica* Activities help reinforce the forms you need for successful written communication. Communicative activities help you internalize the content presented in a range of contexts involving pair and group work.

- **Supersite** Icons let you know exactly what material is available online. See pp. xviii and xix for more information.

# Taller de escritura

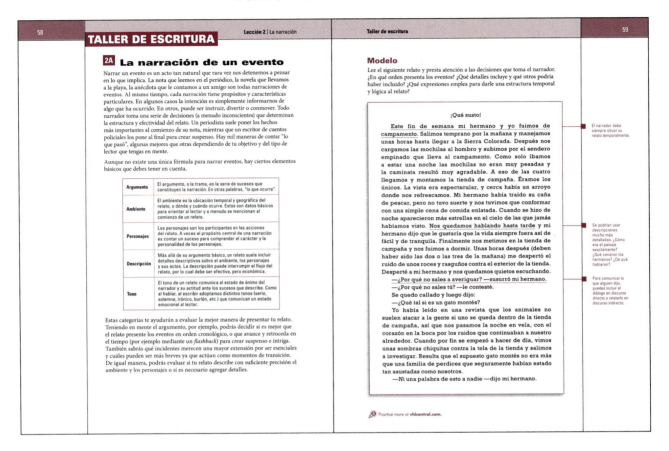

- ***Taller de escritura*** The three writing workshops in each lesson give you all the tools you need to write successfully in Spanish. The presentations include a description of the writing genre, with practical tips and visual organizers to help you plan your writing step by step.

- ***Modelo*** Annotated student samples give you an example of each type of writing presented in the book. The annotations draw your attention to the form and structure of the sample text and highlight areas for improvement. Comprehension activities about the student samples are available online.

- **Supersite** Icons let you know exactly what material is available online. See pp. xviii and xix for more information.

# Taller de escritura

## ✎ Tema de composición

Elige uno de estos comienzos y escribe un breve relato. Puede ser algo que realmente te haya ocurrido o un evento imaginario.

1. "Anoche tuve el sueño más extraño de mi vida..."
2. "Recuerdo claramente la primera vez que me enamoré..."
3. "Nunca me he divertido tanto como la vez que..."

### ■ Antes de escribir

Antes de empezar a escribir el relato de un evento, piensa en estos temas:

- ¿Qué estructura tendrá tu relato?
- ¿Cuál será el argumento?
- ¿En qué orden narrarás los distintos incidentes?

Haz una lista de todos los sucesos esenciales que debes comunicar al lector para que comprenda el relato. Esta lista puede servir como un armazón sobre el cual elaborar la narración.

### ■ Escribir el borrador

Recuerda que el borrador es la primera versión, no la versión final. Piensa en el borrador como una oportunidad de escribir con total libertad lo que se te vaya ocurriendo, sin preocuparte todavía de que sea perfecto.

Al escribir el borrador de un relato, incluye todos los detalles posibles. Si se trata de una experiencia propia, esfuérzate por recordar la situación lo más claramente posible. Si se trata de un evento ficticio, intenta imaginarlo como si estuvieras presente y piensa en lo que percibirías con todos tus sentidos. Cuanto más escribas, más material tendrás sobre el cual trabajar.

### ■ Escribir la versión final

Estos son algunos temas que puedes considerar al editar y reescribir tu relato:

- ¿Has incluido todos los incidentes esenciales? ¿Falta alguno? ¿Están relacionados lógica y claramente para que el lector pueda seguir el hilo de tu narración? ¿Faltan momentos de transición que conecten los principales sucesos?
- ¿Cuánto espacio ocupa cada parte del relato? Si un incidente o una descripción que no es esencial ocupa demasiado espacio, se puede romper la continuidad del relato.
- Revisa tu vocabulario. ¿Hay adjetivos o verbos débiles o imprecisos que puedas sustituir con palabras más efectivas? Piensa en posibles sinónimos.
- Revisa la gramática. ¿Has empleado los tiempos verbales adecuados? ¿Has utilizado cláusulas adjetivas relativas para explicar o especificar?

- *Tema de composición* A series of engaging, real-life writing topics is included in each workshop. Writing prompts, in the form of essays, job ads, and photographs, are included when appropriate.

- **Process approach** Tips and suggestions are provided to help you brainstorm and organize your ideas before you begin writing. Once you have recorded your initial ideas, we guide you through the process of writing a draft, editing (including peer-editing), and producing a final version.

- **Supersite** Icons let you know exactly what material is available online. See pp. xviii and xix for more information.

# Readings and *Talleres de escritura*

## Readings

Reading skills are key to developing writing skills. **Taller de escritores** offers a variety of engaging fiction and nonfiction reading selections that serve as springboards for discussion not only about the readings themselves but also about the primary genre of writing presented in each lesson. Comprehension and discussion activities take you beyond the story or plot and help you focus on the form, the genre, and the strategies used by the author. In addition to the readings at the beginning of each lesson, additional reading materials (an essay and four job ads) are provided as writing prompts. Finally, student models in the **Taller de escritura** section provide an additional 18 reading passages. Comprehension activities for the **Modelos** are available on the Supersite.

## Talleres de escritura

Each lesson focuses on a writing genre such as description, narration, or expository writing. **Talleres A** and **B** in each lesson are always directly related to the genre that is the focus of the lesson. **Taller C**, while still connected to the **A** and **B** workshops, provides opportunities for argumentative writing in all six lessons.

The writing workshops cover a wide range of genres, from personal narrative and opinion letters to film/literary reviews and academic essays. The pre- and post-writing support will help you become a better writer both inside and outside the Spanish classroom.

# Readings and Composition Types

Below is a list of the readings and the writing formats in each lesson:

| | Reading | Taller A | Taller B | Taller C (focus on argumentative writing) |
|---|---|---|---|---|
| **Lección 1** *La descripción* | *Platero y yo*, Juan Ramón Jiménez **genre:** fiction | Description of places and objects | Description of people | Comparison |
| **Lección 2** *La narración* | *La siesta del martes*, Gabriel García Márquez **genre:** fiction | Narration of an event | News report | Opinion letter |
| **Lección 3** *El ensayo narrativo* | "Hernán Cortés", Carlos Fuentes **genre:** nonfiction | Narration of a historical event | Narrative essay | Editorials and op-eds |
| **Lección 4** *La exposición* | "La generación de los mil euros", Antonio Jiménez Barca **genre:** nonfiction | Statistical report | Descriptive essay | Opinion essay |
| **Lección 5** *La argumentación* | *Mariposas de Koch*, Antonio Di Benedetto **genre:** fiction | Argumentative essay | Cover letter | Refutation essay |
| **Lección 6** *El ensayo académico* | Literary review of *Santa Evita*, Mario Vargas Llosa **genre:** nonfiction | Film review | Literary review | Academic essay |

# Icons

Familiarize yourself with these icons that appear throughout **Taller de escritores**.

  Activity available on Supersite

  Pair activity

  Group activity

  Additional practice on the Supersite, not included in the textbook

  Cross-reference to related chapters in **A Handbook of Contemporary Spanish Grammar**

# Grammar Reference

## A Handbook of Contemporary Spanish Grammar

For additional grammar support, **Taller de escritores** integrates seamlessly with Vista Higher Learning's grammar reference, **A Handbook of Contemporary Spanish Grammar**. The **Taller de escritores** lesson openers list precisely the chapters in the grammar reference handbook that relate to the **Taller de lengua** content in each lesson. This handbook provides a comprehensive grammar reference for advanced students and includes extensive auto-gradable practice.

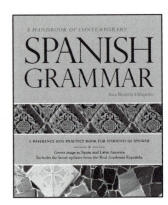

The **Taller de escritores** Supersite provides a wealth of resources for both students and instructors.

## For Students

Student resources, available through a Supersite code, are provided with each new student text. Here is an example of what you will find at **vhlcentral.com**:

- Selected activities from the student text
- Additional practice for each strand  *Practice more at* **vhlcentral.com.**
- Spanish mini dictionary
- Wimba Voice Board

## For Instructors

Instructors have access to the entire student site, as well as these key resources:

- A robust course management system
- Quizzes with autograding
- Voice Board capabilities for you to create additional oral activities
- Textbook answer key

# Supersiteplus

Supersite Plus includes the full **Taller de escritores** Supersite as described above, plus **Wimba Pronto** for online communication and collaboration, featuring:

- Audio and video conferencing
- Instant messaging
- An online whiteboard to synchronously view and modify a shared canvas
- Application sharing—perfect for online tutoring
- Online office hours
- Instructor control of **Pronto** activation/deactivation

# TO THE INSTRUCTOR

## Uses of *Taller de escritores*

This textbook has been designed to fit several upper-level Spanish courses.

- **Composition**  This book can be a stand-alone textbook for classes that focus exclusively on composition. Readings can be used as models of good writing and examples of the strategies and writing principles applied by the authors. The **Taller de lengua** strand can be assigned to students as needed for self-study. Class time can focus on the **Taller de escritura** section, when students can work on the presentations and study the sample texts, as well as devote class time to peer-editing.

- **Composition for heritage speakers**  The spelling and punctuation component provides additional support to improve the writing skills of heritage speakers. The lexical section in the **Taller de lengua** strand presents topics that address the needs of students of Hispanic origin.

- **Composition and grammar**  A full, comprehensive grammar scope and sequence allows you to use this book as the primary text in a composition course with a strong emphasis on advanced grammar. Courses in which the emphasis on grammar is more than 50% can use this book in conjunction with **A Handbook of Contemporary Spanish Grammar**. See p. xviii.

- **Composition and reading**  The wide range of reading materials makes this book suitable for composition courses with a heavy emphasis on reading. Author bios offer insight about the reading selections. Comprehension and expansion activities provide opportunities to engage students in textual analysis and personalized discussion. Writing prompts and sample texts provide additional reading materials. See pp. xvi–xvii.

- **Composition and conversation**  Pair and group activities in the **Lectura** and **Taller de lengua** strands provide ample opportunities for personalized communication for composition courses that also have a strong conversation element.

- **Advanced Spanish**  This book can be used as the primary textbook in post-intermediate courses, as it provides a balanced mix of vocabulary and grammar as well as reading, writing, and speaking opportunities.

## Suggestions for using *Taller de escritores*

### Lesson Opener

- Focus students' attention on the photograph and the questions on the right. After discussing the questions, have pairs or small groups discuss how the photograph and the questions relate to the type of writing introduced in the lesson title.

- Have students read the quote and discuss it in pairs or small groups.

- Have students read the description of the type of writing that the lesson will focus on and brainstorm contexts and formats in which they have encountered that particular type of writing.

## *Lectura*

- Have students read the author bio and conduct additional research outside of class about the author.

- Talk to students about how to become effective readers of Spanish. Point out the importance of using reading strategies and encourage them to read every selection more than once. Explain that they should begin by reading through the entire text without stopping to look up words, in order to gain a general understanding of the plot or main ideas and the theme(s). Then, they should read the text again for a more in-depth understanding of the material, the interrelationships between the different elements, and some details. At this point, they should try to complete the **Después de leer** activities. If they have difficulty completing an activity, suggest that they reread the text to find specific information that will help them complete it.

- Discourage students from translating the readings into English or relying on a bilingual dictionary. Tell them that reading directly in Spanish will help them grasp the meaning better and improve their ability to discuss the reading in Spanish.

- Have students pay close attention to the annotations, as they provide insight into strategies they can apply to their own writing.

## *Taller de lengua*

- Have students read the presentations and do the auto-gradable activities with the mouse icon before coming to class.

- When appropriate, have students scan the **Lectura** and the **Modelos** to see examples of the vocabulary, grammar, spelling, and punctuation topics presented.

- The **Práctica** activities without pair or group icons can be done orally as a class or in pairs or groups. They can also be assigned as written homework.

## *Taller de escritura*

- Have students read the presentation and the **Modelo** in each workshop before class. Have them do the auto-gradable comprehension practice for the **Modelo**, which is available on the Supersite.

- Explain that the sample texts are not presented for direct imitation. The purpose of these texts is to expose students to good examples of student writing.

- Remind students that writing assignments are not a means to practice the grammar in the lesson. Rather, grammar study is one of several tools at their disposal to generate successful written communication.

- Have students carefully review the annotations in the **Lectura** and **Modelos** to find additional suggestions and tips they can apply to their writing.

- Have students supplement the tips in the **Antes de escribir, Escribir el borrador,** and **Escribir la versión final** sections with the **Lista de revisión para ensayos** available on pp. 208–209.

# Reviewers

On behalf of the authors and editors, Vista Higher Learning expresses its sincere appreciation to the many professors nationwide who participated in surveys and reviewed materials from **Taller de escritores**. Their insights, ideas, and detailed comments were invaluable to the final product.

**Annie Abbott**
University of Illinois
at Urbana-Champaign

**Irma Alarcón**
Wake Forest University

**Thomas Allen**
University of Wisconsin — Oshkosh

**Blanca Anderson**
Loyola University

**Patricia Andueza**
Ohio State University

**Robert N. Baah**
Seattle Pacific University

**Lisa Barboun**
Coastal Carolina University

**Servio Becerra**
Youngstown State University

**Anne Becher**
University of Colorado

**Karen Berg**
College of Charleston

**Silvia Berger**
Smith College

**Catherine Bryan**
University of Wisconsin — Oshkosh

**Peggy Buckwalter**
Black Hills State University

**Omega Burckhardt**
Marquette University

**Fernando Burgos**
University of Memphis

**Bonnie Butler**
Livingston College of Rutgers University

**Jessie Carduner**
Kent State University — Main Campus

**Belén Castaneda**
Marquette University

**Jane Connolly**
University of Miami

**Debora Cordeiro Rosa**
University of Central Florida

**Norma Corrales**
Temple University

**Rocío Cortés**
University of Wisconsin — Oshkosh

**Gerardo Cruz-Tanahara**
Cardinal Stritch University

**William Cummins**
Ashland University

**Martha Daas**
Old Dominion University

**Richard Doerr**
Metropolitan State College of Denver

**Deb Dougherty**
Alma College

**Paula Ellister**
University of Oregon

**Dina Fabery**
University of Central Florida

**Oscar Fernández**
Portland State University

**Rebecca Foote**
University of Illinois
at Urbana-Champaign

**Elizabeth Fouts**
Saint Anselm College

**Próspero García**
Amherst College

**Jose Garcia Sanchez**
Eastern Washington University

**Nilza Gonzales-Pedemonte**
Boston College

**Luis Gonzalez**
Connecticut College

**Iria Gonzalez-Liano**
University of Nevada — Las Vegas

**Nuria Godon-Martinez**
Creighton University

**Mary T. Hartson**
Oakland University

**Kim Hernandez**
Whitworth College

**Mary Kempen**
Ohio Northern University

**Philip Klein**
University of Iowa

**Iana Konstantinova**
Southern Virginia University

**Kevin Krogh**
Utah State University

**Elisabeth Kuriscak**
Ball State University

**Sophie Lavoie**
University of New Brunswick

**Pedro Lopes**
Henderson State University

**Kelly Lowther-Pereira**
University of North Carolina — Greensboro

**Joanna Lyskowicz**
Drexel University

**Beatriz Macione**
Emory & Henry College

**Ipce Maldonado-Flores**
Cleveland State University

**Jeffrey Mancilla**
San Jose City College

**Francisco Manzo-Robledo**
Washington State University

**Francisco R. Martinez**
David Lipscomb University

**Sergio Martínez**
San Antonio College

**Lydia Masanet**
Mercer University

**Mark Mascia**
Sacred Heart University

**Collin McKinney**
Bucknell University

**Charmaine L. McMahon**
Catholic University of America

**David Migaj**
Wilbur Wright Community College

**Deborah Mistron**
Middle Tennessee State University

**Lee Mitchell**
Henderson State University

**Evelyn Nadeau**
Clarke College

**Lisa Nalbone**
University of Central Florida

**Andy Noverr**
University of Michigan

**Milagros Ojermark**
Diablo Valley College

**Bertín Ortega**
Texas A&M University

**Maryrica Ortiz Lottman**
University of North Carolina —
Charlotte

**James Pancrazio**
Illinois State University

**Gema Pérez-Sánchez**
University of Miami

**Pilar Pérez-Serrano**
Gordon College

**Wendy Pilkerton**
Linn Benton Community College

**Derrin Pinto**
University of Saint Thomas

**Aldona A. Pobutsky**
Oakland University

**Eve Pujol**
University of Wisconsin — Madison

**Lynn Purkey**
University of Tennessee — Chattanooga

**María Rey-López**
Metropolitan State College of Denver

**Judith Richards**
Park University

**St. John Robinson**
Montana State University — Billings

**Shelli Rottschafer**
Aquinas College

**Francisco A. Salgado-Robles**
University of Florida

**Kathleen Sheahan**
Palomar College

**J.P. Spicer-Escalante**
Utah State University

**Judith Stallings-Ward**
Norwich University

**Irena Stefanova**
Santa Clara University

**José Suarez**
University of Northern Colorado

**Ester Suarez-Felipe**
University of Wisconsin — Milwaukee

**Sixto E. Torres**
Metropolitan State College of Denver

**John Tkac**
James Madison University

**María Trillo**
Western New Mexico University

**Nicholas Uliano**
Cabrini College

**Alfonso Varona**
University of North Carolina —
Greensboro

**Clara Vega**
Alamance Community College

**Oswaldo Voysest**
Beloit College

**JiYoung Yoon**
University of North Texas

**Loretta Zehngut**
Pennsylvania State University

**Mariana Zinni**
Queens College

# Taller de escritores

# escritores

**Grammar and Composition for Advanced Spanish**

# La
# descripción

# Lección

"Las palabras son como monedas, que una vale por muchas como muchas no valen por una".

—Francisco de Quevedo

La descripción es una fotografía con palabras que busca retratar un lugar, objeto, ser o proceso, explicando sus partes, cualidades, circunstancias; básicamente es una respuesta a la pregunta *cómo es*. Lo esencial para una descripción es la observación de los detalles, que luego deben seleccionarse y ordenarse para cumplir los objetivos de claridad y precisión. A veces participa también la imaginación para expresar mejor la verdadera esencia de aquello que se quiere pintar con palabras. La perspectiva de quien describe tiñe la descripción de su subjetividad y el texto dice tanto de lo observado como del propio observador.

Esta lección te presenta las distintas formas de descripción y cómo escribirlas.

¿Qué describe la foto? ¿Dónde te parece que está este lugar? ¿Qué ves tú en la foto?

**EXPANSIÓN**
*A Handbook of Contemporary Spanish Grammar*
**Chapters 1, 3, 12, 17, 29, 30**

# LECTURA

**Juan Ramón Jiménez** nació en Moguer, una pequeña ciudad andaluza, en 1881. Empezó estudios de abogacía, pero pronto los abandonó para dedicarse por entero a la escritura y especialmente a la poesía. Sus primeras composiciones reflejan la influencia del simbolismo francés. Con los años, Jiménez se convirtió en uno de los líderes de la vanguardia literaria española. En 1916 contrajo matrimonio con el amor de su vida, Zenobia Camprubí Aymar. En 1936, tras el comienzo de la Guerra Civil Española, el gobierno republicano lo envió a Washington como agregado cultural. Tras la victoria de Franco, Jiménez permaneció en el exilio y vivió en Nueva York, Florida, La Habana y Puerto Rico, donde se instaló finalmente en 1951 y falleció en 1958. Dos años antes de su muerte, Juan Ramón Jiménez recibió el Premio Nobel de Literatura.

Publicado por primera vez en 1914, *Platero y yo* es un clásico de la literatura española del siglo XX. Sus pequeños poemas en prosa relatan la vida apacible y pastoril del narrador y su burro en un pueblo andaluz, describiendo paisajes, personajes y emociones en un estilo simple y encantador.

Por la sencillez y el candor de los relatos, el libro es favorito de los niños y es uno de los más asignados en las escuelas de España y América Latina. Sin embargo, detrás del estilo sencillo e infantil del relato se esconden los temas más profundos de la literatura: el amor, la amistad, la bondad, el dolor, la injusticia y la muerte. ■

# Platero y yo

## I

### *Platero*

Para describir a Platero, el autor emplea adjetivos, pero también metáforas y analogías.

**P**latero es pequeño, peludo, suave; tan blando por fuera, que se diría todo de algodón, que no lleva huesos. Sólo los espejos de azabache[1] de sus ojos son duros cual dos escarabajos[2] de cristal negro.

Lo dejo suelto y se va al prado, y acaricia tibiamente con su hocico, rozándolas
5   apenas, las flores rosas, celestes y gualdas[3]... Lo llamo dulcemente: "¿Platero?", y viene a mí con un trotecillo alegre que parece que se ríe, en no sé qué cascabeleo[4] ideal...

Come cuanto le doy. Le gustan las naranjas, mandarinas, las uvas moscateles, todas de ámbar; los higos morados, con su cristalina gotita de miel...
10   Es tierno y mimoso[5] igual que un niño, que una niña...; pero fuerte y seco por dentro, como de piedra. Cuando paso sobre él, los domingos, por las últimas callejas del pueblo, los hombres del campo, vestidos de limpio y despaciosos[6], se quedan mirándolo:

—Tien'asero...
15   Tiene acero. Acero y plata de luna, al mismo tiempo.

[1]*jet, jet-black* [2]*beetles* [3]*yellow* [4]*jingling* [5]*affectionate* [6]*slow*

## II
## *Mariposas blancas*

La noche cae, brumosa[7] ya y morada. Vagas claridades malvas[8] y verdes perduran tras la torre de la iglesia. El camino sube, lleno de sombras, de campanillas, de fragancia de hierba, de canciones, de cansancio y de anhelo[9]. De pronto, un hombre oscuro, con una gorra y un pincho[10], roja un instante la cara fea por la luz del cigarro, baja a nosotros de una casucha miserable, perdida entre    20
sacas[11] de carbón. Platero se amedrenta[12].

—¿Ba argo?

—Vea usted... Mariposas blancas...

El hombre quiere clavar su pincho de hierro en el seroncillo[13], y yo lo evito. Abro la alforja[14] y él no ve nada. Y el alimento ideal pasa, libre y cándido, sin pagar    25
su tributo a los Consumos[15]...

*El tiempo presente crea una sensación de inmediatez y también de momentos aislados en el tiempo.*

## III
## *Juegos del anochecer*

Cuando en el crepúsculo[16] del pueblo, Platero y yo entramos, ateridos[17], por la oscuridad morada de la calleja miserable que da al río seco, los niños pobres juegan a asustarse, fingiéndose[18] mendigos. Uno se echa un saco a la cabeza, otro dice que no ve, otro se hace el cojo.    30

Después, en ese brusco cambiar de la infancia, como llevan unos zapatos y un vestido, y como sus madres, ellas sabrán cómo, les han dado algo de comer, se creen unos príncipes:

—Mi pare tié un reló e plata.

—Y er mío un cabayo.    35

—Y er mío una ejcopeta.

Reloj que levantará a la madrugada, escopeta que no matará el hambre, caballo que llevará a la miseria...

El corro[19], luego. Entre tanta negrura, una niña forastera, que habla de otro modo, la sobrina del Pájaro Verde, con voz débil, hilo de cristal acuoso[20] en la    40
sombra, canta entonadamente, cual una princesa:

Yo soy laaa viudiiitaa
del Condeee de Oréé...

¡...Sí, sí, cantad, soñad, niños pobres! Pronto, al amanecer vuestra adolescencia, la primavera os asustará, como un mendigo, enmascarada de invierno.    45

—Vamos, Platero. ∎

*Jiménez escribe el diálogo de los niños con pronunciación andaluza (mi padre tiene un reloj de plata).*

*Aquí el autor abandona la narración de los eventos y exhorta a los personajes.*

[7]*misty, foggy* [8]*mauve* [9]*yearning* [10]*pitchfork* [11]*sacks* [12]*becomes frightened, shies away* [13]*a little basket* [14]*saddlebag*
[15]*municipal taxes and duties* [16]*twilight* [17]*numb with cold* [18]*pretending to be* [19]*ring, circle that children form to play* [20]*watery*

# Después de leer

 **1  Comprensión**  Contesta estas preguntas con oraciones completas.

1. ¿Cómo es Platero?

2. ¿Por qué dice el narrador que Platero se parece a un niño?

3. ¿Qué dicen sobre Platero los campesinos? ¿Qué crees que significa?

4. ¿Quién es el hombre que acosa a (*harasses*) Platero y al narrador en "Mariposas blancas"? ¿Qué quiere de ellos?

5. ¿A qué juegan los niños en "Juegos del anochecer"?

**2  Análisis**  En parejas, contesten estas preguntas.

1. En "Mariposas blancas", el narrador abre la alforja y el hombre "no ve nada". ¿Crees que su incapacidad de ver lo que hay dentro de la alforja es simbólica? ¿Qué quiere decir que "el alimento ideal" pasa "sin pagar su tributo a los Consumos"?

2. "¡Cantad, soñad, niños pobres! Pronto, al amanecer vuestra adolescencia, la primavera os asustará, como un mendigo, enmascarada de invierno". ¿Qué significa esta advertencia? ¿Qué les ocurrirá a los niños pobres cuando se vuelvan adolescentes? ¿Por qué cree el narrador que mientras tanto deben cantar y soñar?

3. Las pequeñas historias de *Platero y yo* tienen un aire de parábola, como si cada una encerrara un mensaje. Al mismo tiempo, son enigmáticas y misteriosas. ¿Crees que se les puede atribuir un mensaje o que, como simples fragmentos de vida y experiencia, no pueden ser reducidas a una moraleja?

**3  Discusión**  En grupos de tres, contesten estas preguntas.

1. Algunas descripciones en *Platero y yo* son sencillas y concretas: "Platero es pequeño, peludo, suave". Otras dependen de una analogía o comparación: "fuerte y seco por dentro, como de piedra". Otras aun son elaboradas y metafóricas: la voz de una niña es un "hilo de cristal acuoso en la sombra". Elige tres descripciones que te parezcan especialmente efectivas o hermosas y explica por qué te gustan.

2. Aunque el narrador no se describe a sí mismo directamente, podemos deducir mucho sobre él a partir de sus observaciones y reacciones. ¿Cómo describirías el carácter del narrador? Usa por lo menos tres adjetivos distintos y explica en qué partes del texto observas estos aspectos de su persona.

3. Describe cada uno de los siguientes objetos de tres formas distintas: primero con adjetivos, luego con una analogía o comparación, y finalmente con una metáfora. Por ejemplo: "El mar es azul, vasto y profundo. Es grande como el cielo. Es un campo de olas".

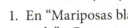

| la almohada | la ventana | el libro | la tristeza | el caracol |

**4  Composición**  Escribe un nuevo capítulo de *Platero y yo*, utilizando un paisaje o una situación que recuerdes de tu infancia. ¿Dónde están Platero y tú? ¿Con quién se encuentran? Describe los personajes y los sucesos como lo haría Juan Ramón Jiménez.

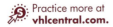

# Léxico

## 1.1 Vocabulario para describir

- Una descripción es la explicación ordenada y detallada de cómo son ciertas personas, lugares u objetos. Antes de escribir una descripción, siempre es útil organizar en categorías la información relevante sobre la persona, lugar u objeto que se quiere describir. Las siguientes categorías son solo ejemplos de cómo se puede organizar la información.

### Descripción de lugares, paisajes, ambientes

- Al describir lugares, paisajes o ambientes resulta útil usar palabras y expresiones que nos ayudan a ubicar el sujeto de la descripción tanto en el tiempo como en el espacio.

| Ubicación geográfica | Distancia | Ubicación temporal |
|---|---|---|
| (más) arriba/abajo | a 10 km de | ahora (mismo) |
| cerca/lejos | a lo lejos | antes/después |
| delante/detrás | a (más/menos de) 1 hora | más tarde |
| dentro/fuera | a un día de viaje | cuando, mientras |
| (a la) derecha/izquierda | cerca/lejos | de niño/joven/adulto |
| encima/debajo (de) | en las cercanías de | nunca/a veces/siempre |
| en medio de/en el centro | en los alrededores de | todos los días/años |

> **Cuando** era pequeño, me gustaba mirar a mi padre **cuando** pescaba en el arroyo **a unos quince kilómetros** de casa. **Allí cerca** estaba la vieja cabaña de mi abuelo, donde jugaba **siempre** con mis hermanos. **Ahora, de grande**, el arroyo contaminado me da ganas de llorar.

### Descripción de un objeto

- Al describir objetos, a menudo utilizamos palabras y expresiones que proporcionan información en cuanto a la forma, el tamaño, el material de que están compuestos y su utilidad. En la siguiente tabla puedes ver ejemplos de expresiones organizadas en estas cuatro categorías.

| Forma | Tamaño | Material y características | Utilidad |
|---|---|---|---|
| alargado | alto/bajo | áspero/suave | (poco) práctico, (in)útil |
| cuadrado | enorme, gigante, inmenso | de cartón/papel | Se recomienda para viajar. |
| delgado | | de colores | Se usa para cortar. |
| fino/grueso | grande/pequeño | de cuadros/rayas | Se utiliza para trabajar. |
| ovalado | ínfimo, minúsculo | de lana/seda | Sirve para comer. |
| rectangular | | de madera/metal | Son para leer. |
| redondo | | blando/duro | |

> El almohadón **de plumas** es **fino** y **blando**. Es muy cómodo **para dormir**.

### Descripción de una persona

- Al describir personas debemos ofrecer información acerca de sus rasgos físicos y de su carácter. Hay ciertos verbos y expresiones que se prestan especialmente para las descripciones de personas.

| Rasgos físicos | Rasgos de carácter | Verbos |
|---|---|---|
| alto/bajo | agradable/desagradable | acostumbrar, soler |
| claro/oscuro | alegre/serio | adornarse, cubrirse |
| esbelto/corpulento/atlético | antipático/simpático | llevar, tener, usar, vestir |
| fuerte/débil | hablador/callado | mostrarse |
| guapo/feo | prudente/confiado | parecer |
| joven/adulto/viejo, anciano | sincero/mentiroso | permanecer |
| moreno/pelirrojo/rubio | trabajador/perezoso | sentirse |

Juan **es alto** y **moreno**. **Parece antipático**, pero en realidad, para quienes
lo conocen, es muy **alegre**, **hablador** y **simpático**.

# Práctica

**1** Completa el párrafo con las expresiones de la lista.

| a 10 kilómetros | cerca | de piedra | detrás de | inmensa | rojo |
|---|---|---|---|---|---|
| agradable | confiados | delante de | enormes | oscuras | sobrecogedor |

Nos encontrábamos (1) _a 10 kilómetros_ de la vieja ermita. Hacía una tarde
(2) _agradable_ y todos estaban con unas ganas (3) _enormes_ de
comenzar la ascensión. (4) _Detrás de_ nosotros se erigía una montaña
(5) _de piedra_ con riscos (crags) (6) _enormes_ y granito
(7) _rojo_. El sol creaba claros y sombras que hacían de la pared un
espectáculo (8) _sobrecogedor_. (9) _Detrás de_ la montaña podíamos ver
nubes (10) _oscuras_ que se desplazaban lentamente (11) _cerca_
de la cumbre. Los cuatro alpinistas del equipo se mostraban (12) _confiados_
y listos para atacar la cumbre por su cara más difícil: la cara norte.

**2** Reemplaza las expresiones subrayadas con otras expresiones descriptivas.

Al final de la calle se elevaba el Ayuntamiento, un edificio clásico, con un elegante
balcón y ventanales de madera en la planta baja. Junto a la puerta de madera, en
letras doradas, se podía leer la inscripción CASA CONSISTORIAL. Cerraban la
calle las fachadas pintadas de blanco de siete casas de dos pisos, con sus balcones
repletos de geranios. En los balcones iluminados, había gente de todas las edades,
con expresión vivaz y animada. Las miradas de todos los presentes se dirigían hacia
un palco que habían montado en medio de la plaza, en frente del Ayuntamiento.
Sobre el palco, la orquesta animaba con su música la cálida noche de fiesta.

**3** En parejas, clasifiquen las expresiones de la siguiente lista en estas categorías:
**ubicación geográfica/temporal, distancia, forma o tamaño, material y
características, y rasgos personales**. Luego, escriban un párrafo usando diez
de estas expresiones.

| a años luz | de cristal | en las cercanías | frágil | risueño |
|---|---|---|---|---|
| a cinco días en barco | delicadas | en los alrededores de | lejos de | sereno |
| arqueado | descomunal | en medio de | minúsculo | simultáneamente |
| corpulento | en el interior | exhibir | ovalado | sólido |

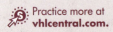

# Léxico

## 1.2 Expresiones de percepción sensorial

● Las palabras y expresiones sensoriales nos ayudan a representar lo que sentimos a través de los cinco sentidos. En las siguientes tablas, encontrarás algunos ejemplos de palabras para expresar y enfatizar sentimientos y percepciones. Utiliza estas expresiones sensoriales, y otras que conozcas, para que tus descripciones sean más precisas y fáciles de comprender para el lector.

### La vista

| Sustantivos | | Adjetivos | | Verbos | |
|---|---|---|---|---|---|
| aspecto | luminosidad | alargado | inmenso | acechar | examinar |
| belleza | palidez | arrugado | luminoso | avistar | mirar |
| brillo | panorama | atractivo | nublado | contemplar | observar |
| colorido | perspectiva | brillante | opaco | descubrir | presenciar |
| horizonte | sombra | deslumbrante | pálido | divisar | ver |

### El oído

| Sustantivos | | Adjetivos | | Verbos | |
|---|---|---|---|---|---|
| canto | risa | apacible | ruidoso | aullar | murmurar |
| carcajada | ronquido | arrullador | rumoroso | balbucear | oír |
| estruendo | ruido | ensordecedor | sibilante | cantar | sentir |
| explosión | silbido | estridente | sigiloso | explotar | sonar |
| grito | susurro | estruendoso | silencioso | hablar | susurrar |
| murmullo | voz | resonante | susurrante | ladrar | tartamudear |

### El tacto

| Sustantivos | | Adjetivos | | Verbos | |
|---|---|---|---|---|---|
| aspereza | porrazo | aceitoso | mojado | acariciar | pulsar |
| caricia | roce | aterciopelado | pegajoso | golpear | rozar |
| codazo | rugosidad | esponjoso | peludo | manejar | sentir |
| fricción | suavidad | frío | seco | manipular | tantear |
| golpe | textura | húmedo | sedoso | palpar | teclear |
| masaje | toque | liso | suave | pegar | tocar |

### El olfato

| Sustantivos | | Adjetivos | | Verbos | |
|---|---|---|---|---|---|
| aroma | humedad | aromático | oloroso | advertir | oler |
| esencia | moho | desagradable | penetrante | apestar | olfatear |
| especias | olor | dulce | perfumado | aromatizar | olisquear |
| flores | perfume | fragante | podrido | despedir | percibir |
| fragancia | pestilencia | fresco | quemado | exhalar | perfumar |
| hedor | pimienta | hediondo | rancio | exudar | sentir |

### El gusto

| Sustantivos | Adjetivos | | Verbos | |
|---|---|---|---|---|
| amargor | ácido | insípido | aderezar | endulzar |
| degustación | agridulce | pasado | catar | escabechar |
| insipidez | amargo | picante | cenar | probar |
| paladar | avinagrado | quemado | condimentar | saber |
| sabor | azucarado | salado | consumir | saborear |
| sensación | dulce | sazonado | degustar | sazonar |

● A continuación puedes ver un párrafo repleto de expresiones sensoriales:

En el reino animal, el desarrollo de los sentidos puede llegar a límites inimaginables. Por ejemplo, muchos animales "ven" a través de su olfato. El perro cuenta con doscientos millones de células olfativas. A menudo, no necesita ver algo o a alguien para identificarlo. Cuando huele algo que le llama la atención, retiene el aire momentáneamente, "saborea" lo que le interesa y lo almacena. Al nacer, el perro no puede oír ni ver, pero a través del tacto llega a la leche de su madre y siente el calor que le suministran sus hermanos. Las almohadillas de sus patas son tan sensibles que detectan hasta las más insignificantes vibraciones. En cuanto al gusto, las preferencias del perro por un sabor u otro dependen del olor del alimento u objeto. Si le gusta el olor, lo ingiere; si le desagrada, lo rechaza. La vista no es su sentido más desarrollado, ya que no es muy eficaz de cerca. Sin embargo, su visión a larga distancia es muy buena. El perro puede divisar movimientos a 350 metros.

## Práctica

**1** Subraya las expresiones sensoriales e indica a qué sentido pertenecen.

1. Platero es pequeño, peludo, suave; tan blando por fuera, que se diría todo de algodón, que no lleva huesos.
2. El camino sube, lleno de sombras, de campanillas, de fragancia de hierba, de canciones, de cansancio y de anhelo.
3. La sobrina del Pájaro Verde, con voz débil, hilo de cristal acuoso en la sombra, canta entonadamente, cual una princesa.
4. La música sonaba al compás de sus voces: aquella música era el rumor distante del trueno que, desvanecida la tempestad, se alejaba murmurando; era el zumbido del aire que gemía en la concavidad del monte.
5. Aspiré con voluptuosidad la fragancia de las madreselvas (*honeysuckle*) que corren por un hilo de balcón a balcón.

**2** Escribe un párrafo sobre algún producto. Dale un tono exagerado y promocional, como si fuera a incluirse en un anuncio publicitario. Utiliza expresiones de percepción sensorial.

Modelo    *La esencia del cremoso chocolate suizo se derrite en su paladar ofreciéndole un sabor apetitoso y penetrante…*

¡ATENCIÓN!

En ocasiones, las expresiones sensoriales de diferentes sentidos se combinan para dar mayor riqueza o una imagen poética al discurso. Este tipo de figura retórica se llama sinestesia y se aprecia muy bien en estos versos de Juan Ramón Jiménez:

"Es de oro el silencio. La tarde es de cristales azules".

"… en el cénit azul, una caricia rosa [...]".

"… por el verdor teñido de melodiosos oros [...]".

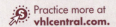

# Estructuras

## 1.3 The present tense; ser and estar

- You have already learned the simple present (**el presente simple**) and the present continuous (**el presente continuo**). Both tenses narrate and describe events, but their uses differ. Notice how they are used in the sentences below about the reading.

> Los ojos de Platero **son** negros como el azabache. *(simple description)*

> **Parece** que Platero **se ríe** cuando **viene** del prado. *(narration of habitual actions and states)*

> Los niños pobres **están jugando** en la calleja. *(narration of an action in progress at that moment)*

### The simple present

| Main uses of the simple present | |
|---|---|
| **to describe qualities and ongoing states** | Platero **es** pequeño, peludo, suave... <br> Platero **vive** en un pueblo en las montañas. |
| **to narrate present events** | Uno **se echa** un saco a la cabeza, otro **dice** que no **ve**... |
| **to narrate events in the near future** | Como mañana **es** domingo, Platero y su dueño **van** al pueblo. |
| **historical present** | Juan Ramón Jiménez **nace** en 1881 en Moguer. |
| **to narrate past events in a more immediate way** | Platero y su dueño pasaban por el pueblo cuando, de repente, ¡**se encuentran** con un hombre feo! |

- The usage of the last example sometimes corresponds to the informal English use of present tense to relate a past event:

> So yesterday, *I'm walking* past the library and *I see* Tyler. He *says* to me ...

### The present continuous

- To form the present continuous, combine a present-tense form of **estar** with the present participle (the **-ando, -iendo** form) of another verb.

| Main uses of the present continuous | |
|---|---|
| **to narrate an action that is in progress** | Platero y su dueño **están bajando** por el pueblo, **viendo** a los niños jugar. |
| **to express an event that is viewed as unusual, temporary, or surprising** | A Platero le encanta la fruta, pero hoy no **está comiendo** nada. |
| **to express an event that is constantly repeating** | Los niños **están jugando** mucho con Platero estos días. <br> Ahora, como es primavera, **está haciendo** más calor. |

- Some verbs have spelling changes in their present participles: **-ir** stem-changing verbs (**durmiendo, pidiendo, diciendo**) and verbs like **creer**, **traer**, **construir**, and **oír** (**creyendo, trayendo, construyendo, oyendo**).

**¡ATENCIÓN!**

The present continuous is used less frequently in Spanish than the simple present. Unlike in English, the present continuous is not used to describe states or conditions.

El niño **lleva** una chaqueta roja.
*The boy **is wearing** a red jacket.*

## *Ser* and *estar*

- Both **ser** and **estar** express *to be*, but their meanings differ. In general, **ser** is used to describe the essential nature and identity of something. **Estar** is used to describe condition, state, or location; these traits are viewed by the speaker as being circumstantial or temporary, rather than inherent.

- **Ser** is used:

| | |
|---|---|
| **to identify someone or something** | El autor de *Platero y yo* **es** Juan Ramón Jiménez. |
| **to describe physical traits, personality, and other characteristics perceived as inherent or permanent** | **Es** tierno y mimoso igual que un niño... La casucha **es** miserable. Los burros **son** muy fuertes. |
| **to identify possession** | El burro **es** del narrador. |
| **to describe what something is made of** | La iglesia **es** de piedra. |
| **to identify the location of events** | La feria **es** en la plaza, todos los domingos. |

- **Estar** is used:

| | |
|---|---|
| **to describe states that are perceived as temporary or not inherent** | ¡Qué bonito **está** el campo en la primavera! Cuando Platero **está** de buen humor, parece un niño. |
| **to describe a change in state** | En invierno Platero **está** muy peludo. |
| **to identify the location of someone or something** | Los niños **están** en la calleja. |
| **to narrate an action in progress, using the present continuous** | ¿De qué **están hablando** el narrador y el hombre? |

- Using an adjective with **ser** or **estar** can change the connotation or meaning of the adjective.

| | |
|---|---|
| Los niños del pueblo no **son** nada **callados**. *The village children aren't quiet at all.* | Todos **están callados**, escuchando a la niña cantar. *Everyone is (falls, remains) silent, listening to the girl sing.* |
| Para ti, ¿**es** interesante o **aburrido** este cuento? *In your opinion, is this story boring or interesting?* | Cuando Platero **está aburrido**, se duerme. *When Platero is (feels) bored, he falls asleep.* |
| El narrador **es** más **rico** que los hombres del campo. *The narrator is wealthier than the men from the countryside.* | ¡Qué **ricos están** los higos y las uvas! *The figs and grapes are (taste) so delicious!* |
| El hombre con el cigarro no **es guapo**. *The man with the cigarette isn't handsome.* | ¡Qué **guapas están** las niñas, todas vestidas de blanco! *How pretty the girls are (look), all dressed in white!* |
| Según el narrador, Platero **es** muy **listo**. *According to the narrator, Platero is very clever.* | Ya **están listos** Platero y su dueño para ir al pueblo. *Platero and his owner are ready to go to the village.* |

**¡ATENCIÓN!**

Notice how **ser**, used for inherent characteristics, is generally translated as *to be* in English. **Estar**, used for characteristics that are viewed as less permanent, is often translated with a more specific verb that better reflects the context.

# Práctica

**1** Completa las oraciones sobre la lectura con el verbo correspondiente en el tiempo presente simple.

Es evidente que el narrador (1)_____ (querer) mucho a Platero. Él habla con Platero, le (2)_____ (dar) de comer y lo (3)_____ (cuidar) muy bien. De hecho, Platero es como una persona; (4)_____ (saber) su nombre, y parece que (5)_____ (reírse). El narrador y Platero (6)_____ (ir) al pueblo todos los domingos. Los habitantes del pueblo (7)_____ (mirar) a Platero y (8)_____ (hacer) comentarios sobre él. Aunque Platero es fuerte y valiente, a veces (9)_____ (tener) miedo, como cuando él y el narrador (10)_____ (encontrarse) con el hombre de la casucha por la noche.

**2** Imagina que estás en el pueblo donde viven Platero y el narrador. Explica si usarías **ser** o **estar** en las siguientes situaciones y por qué.

Modelo   to say that the village church is beautiful
*ser*; *la belleza de la iglesia es una característica inherente*

1.  to describe the color of Platero's coat
2.  to ask the narrator how he is feeling today
3.  to ask where Platero is
4.  to ask who the field belongs to
5.  to say how pretty the meadow looks with all the flowers
6.  to say that Platero seems tired today
7.  to ask what game the village children are playing
8.  to say that the water from the village well tastes delicious
9.  to ask where the men in the village are from
10. to say that Platero's saddle is made from very fine leather

**3** Para cada una de las ilustraciones, escriban tres oraciones. Una oración debe incluir un verbo en el tiempo presente simple; otra debe usar el presente continuo; y la tercera debe incluir **ser** o **estar**.

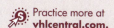

# Estructuras

## 1.4 Prepositions

- Prepositions (**Las preposiciones**) combine parts of a sentence to express a relationship between those parts.

> Platero y el narrador suben **por** el camino. Van **hacia** el pueblo. Se puede ver la iglesia **desde** el camino. El río corre **entre** los prados.

<table>
<tr><td>

**a** *to, at, into*

**ante** *in front of, before, facing*

**bajo** *beneath, under*

**con** *with*

**contra** *against, despite*

**de** *of, about, from, as*

**desde** *from*

**durante** *during*

</td><td>

**en** *in, on, at, into*

**entre** *between, among*

**excepto/salvo** *except*

**hacia** *toward(s), about, around*

**hasta** *as far as, until, up to*

**mediante** *by means of*

**para** *for, to, in order to, by*

**por** *because of, by, by means of, for, through, down, up, along*

</td><td>

**según** *according to, depending on*

**sin** *without*

**sobre** *about, on, over, on top of*

**tras** *behind, after*

**versus** *against, versus*

**vía** *via, through*

</td></tr>
</table>

- Spanish does not always use prepositions as English uses them (**pp. 149–150**).

> **tocar a la puerta** = *to knock **on** the door*    **consistir en** = *to consist **of***

- Spanish prepositions often have several English equivalents. Note the different meanings of the prepositions **a** and **en** in the following examples.

| | |
|---|---|
| Platero se va **al** prado. | *Platero goes off **to** the meadow.* |
| El hombre viene **a** nosotros. | *The man comes **toward** us.* |
| El museo abre **a** las diez. | *The museum opens **at** ten.* |
| Está **a** la vuelta. | *It's **around** the corner.* |
| Tardaron dos horas **en** llegar al pueblo. | *It took them two hours **to** get to the village.* |
| **En** el camino, se encontraron con un hombre. | ***On** the way they met up with a man.* |
| **En** el verano hace mucho calor. | ***In (During)** the summer it's very hot.* |
| Las fotos de Platero están **en** esa mesa. | *The photos of Platero are **on (on top of)** that table.* |

- In Spanish, just as in English, prepositions can combine to form compound prepositions (**locuciones preposicionales**). Below are some examples.

<table>
<tr><td>

**acerca de** *about*

**además de** *as well as*

**al lado de** *next to*

**alrededor de** *around*

**antes de** *before* (time)

**a partir de** *starting from*

**cerca de** *near*

</td><td>

**con respecto a** *with respect to; in reference to*

**de acuerdo con** *in accordance with*

**debajo de** *below*

**delante de** *in front of*

**dentro de** *within; inside of*

**después de** *after* (time)

**detrás de** *behind*

</td><td>

**encima de** *on top of*

**en contra de** *against*

**en medio de** *in the middle of*

**frente a** *opposite; facing*

**fuera de** *outside of*

**junto a** *next to; close to*

**lejos de** *far from*

</td></tr>
</table>

> **Antes de** leer la obra, no sabía mucho **acerca de** los burros.
>
> Me imagino a Platero, **en medio del** prado; **junto a** él está el narrador y **detrás de** ellos se ven las colinas, el pueblo, el río...

**¡ATENCIÓN!**

The preposition **con** forms the following contractions:

**con** + **mí** → **conmigo**
**con** + **ti** → **contigo**

¿Con quién van los chicos? ¿**Conmigo** o **contigo**?

The contraction **consigo** means *with himself/ herself* and is formed from **con** + **sí**:

El narrador habla **consigo** mismo mientras camina.

- You already know that **por** and **para** can both mean *for*, but their uses differ. In general, **para** expresses destination and purpose, while **por** expresses motive or cause.

| Usos de *para* | |
|---|---|
| to indicate purpose or destination | Los higos son **para** Platero. |
| | Van al pueblo **para** ir a misa. |
| to indicate direction | Iban **para** el pueblo cuando se encontraron con el hombre. |
| to indicate a specific time in the future | **Para** el mes que viene, ya tendré un burro. |
| to indicate need; to express *in order to* | **Para** montar en burro, hay que tener paciencia. |
| to express *by* or *for* with respect to time | Necesito leer el cuento **para** el martes. |
| to indicate opinion or reaction | **Para** Platero, lo más importante es comer. |
| to express *considering* | *Platero y yo* es complejo **para** ser un cuento infantil. |

| Usos de *por* | |
|---|---|
| to express cause or motive | Se nota el amor del narrador **por** el burro. |
| | Todos admiran a Platero **por** su belleza. |
| to describe an exchange | ¿Cuánto pagaste **por** el burro? |
| to express *all over, through, in, along* | Subieron **por** el camino. |
| to express *during* | Llegaron a la iglesia **por** la mañana. |
| to express *by means of* | Llamaron a los niños **por** teléfono. |
| to express *by*, in passive constructions | El cuento fue escrito **por** Juan Ramón Jiménez. |

**¡ATENCIÓN!**

Common expressions with **para**:

no es **para** tanto
*it's not such a big deal*

**para** colmo
*to top it all off*

**para** decir (la) verdad
*to tell you the truth*

**para** mañana
*for/by tomorrow*

**para** siempre
*forever*

**¡ATENCIÓN!**

Common expressions with **por**:

**por** cierto  *by the way*

**¡Por** Dios!  *For God's sake!*

**por** ejemplo  *for example*

**por** fin  *finally*

**por** lo tanto  *therefore*

**por** lo visto  *apparently*

**por** si acaso  *just in case*

**por** supuesto  *of course*

**por** último  *finally, last*

# Práctica

1 Completa el párrafo sobre Juan Ramón Jiménez con la opción correcta.

Juan Ramón Jiménez nace (1) _____ (en/a) Moguer. (2) _____ (A/En) los diecinueve años, va a Madrid, donde conoce a muchos escritores (3) _____ (del/al lado del) modernismo español. (4) _____ (Antes de/A partir de) entonces, sufre de enfermedades y depresión, pero sigue escribiendo. (5) _____ (Durante/Mediante) esta etapa, escribe *Platero y yo*, (6) _____ (lejos/entre) otras obras. En 1916, se casa (7) _____ (a/con) Zenobia Camprubí. (8) _____ (Antes de/Después de) la luna de miel, el matrimonio vuelve a Madrid, pero (9) _____ (en/a) 1936 estalla la Guerra Civil Española. Jiménez está (10) _____ (en/a favor del) lado republicano. (11) _____ (Tras/Bajo) la victoria de Franco, los Jiménez deciden quedarse en el exilio en Estados Unidos. Jiménez recibe el Premio Nobel de Literatura (12) _____ (en/desde) octubre de 1958; tres días (13) _____ (sobre/después), Zenobia muere. Los últimos años de su vida son tristes y solitarios.

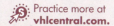

# Estructuras

## 1.5 Adjectives

### Placement

- When placed after a noun, adjectives differentiate that particular noun from others within the same group.

  un burro **gris** │ un pueblo **andaluz** │ un río **seco**

- Adjectives can be placed before a noun to emphasize or intensify a particular characteristic, to suggest that it is inherent, or to create a stylistic effect or tone.

  el **talentoso** autor, Juan Ramón Jiménez │ las **feas** casas de ese pueblo

- In some cases, placing the adjective before the noun indicates a value judgment on the part of the speaker. Compare:

  Paseamos por las **hermosas** calles.
  *(for the speaker, all the streets are lovely, not just some)*
  Paseamos por las calles **hermosas**.
  *(some of the streets are lovely, but not all)*

- When more than one adjective is used to describe a noun, the adjective that distinguishes the noun from others of its class goes right after the noun:

  una interesante **novela inglesa** │ un famoso **ingeniero químico** francés
  una **novela inglesa** interesante │ un **ingeniero químico** francés famoso

- Ordinal numbers are placed before the noun (**el primer capítulo**). Other adjectives that indicate order are also usually placed before (**las últimas calles, los próximos días**).

- Adjectives of quantity, ownership, or volume also go before the noun:

  Platero se comió **cuatro** higos. │ El narrador está orgulloso de **su** burro. │ Ellos pasan **mucho** tiempo juntos.

- Some adjectives change meaning depending on whether they are placed before or after the noun.

| Adjective | Placed after | Placed before |
|---|---|---|
| **cierto/a** | una respuesta **cierta** *a right answer* | una **cierta** actitud *a certain attitude* |
| **grande** | una ciudad **grande** *a big city* | un **gran** país *a great country* |
| **medio/a** | el sueldo **medio** *the average salary* | un trabajo a **medio** tiempo *a part-time job* |
| **mismo/a** | el artículo **mismo** *the article itself* | el **mismo** problema *the same problem* |
| **nuevo/a** | una chaqueta **nueva** *a (brand) new jacket* | un **nuevo** amigo *a new/different friend* |
| **pobre** | el hombre **pobre** *the man who is poor* | el **pobre** hombre *the unfortunate man* |

| Adjective | Placed after | Placed before |
|---|---|---|
| **puro/a** | el agua **pura** <br> *the pure (uncontaminated) water* | la **pura** verdad <br> *the whole (entire) truth* |
| **único/a** | un amor **único** <br> *a unique love* | mi **único** amor <br> *my only love* |
| **viejo/a** | una amiga **vieja** <br> *an old friend (age)* | una **vieja** amiga <br> *an old friend (friend for a long time)* |

## Comparatives and superlatives

- In Spanish, as in English, adjectives can be used to form comparatives (**comparativos**) and superlatives (**superlativos**).

| Adjective | Comparative | Superlative |
|---|---|---|
| **elegante** <br> *elegant* | **más/menos** elegante(s) **que** <br> *more/less elegant than* | **el/la/los/las más/menos** elegante(s) **de** <br> *the most/least elegant of/in* |

- To form comparisons of equality, use the formula **tan** + *adjective* + **como**.

  Platero es **tan bueno como** tú.

- Some common adjectives have irregular comparatives and superlatives.

  bueno/a → **mejor** → **el/la mejor**
  malo/a → **peor** → **el/la peor**
  grande *and* viejo/a → **mayor** → **el/la mayor**
  pequeño/a *and* joven → **menor** → **el/la menor**

- When **grande** and **pequeño** refer to size and not age or quality, the regular comparative and superlative forms are used.

  El libro es **más grande** de lo que pensaba, pero **más pequeño** que mi diccionario.

- When **bueno/a** and **malo/a** refer to the moral quality of a person, the regular comparative and superlative forms are used.

  Tengo a la mujer **más buena** del mundo.     Ese hombre es **más malo** que el demonio.

- The absolute superlative (**superlativo absoluto**) expresses *very* or *extremely*. To form the absolute superlative of adjectives, drop the ending and add **-ísimo/a/os/as**.

  interesante → **interesantísimo**     guapo → **guapísimo**
  muchas → **muchísimas**     fea → **feísima**

- Absolute superlatives of words ending with **-z** (or **-c**, **-g** before the final **-o**) have spelling changes.

  rico → **riquísimo**     loca → **loquísima**
  largo → **larguísimo**     andaluz → **andalucísimo**

- To form the absolute superlative of words ending in **-n** or **-r**, add **-císimo/a/os/as**.

  joven → **jovencísimo**     mayor → **mayorcísimo**

**¡ATENCIÓN!**

The superlative ending **-ísima** can also be used with adverbs ending in **-mente**.

Habla **clarísimamente**.

In the case of short adverbs that are identical to adjectives, **-ísimo** is used.

Corre **rapidísimo**.

# Práctica

**1** Cerca de Moguer hay un espacio natural que se llama La Laguna de Palos y Las Madres. Completa la descripción del lugar con la frase correcta. Presta atención a la posición de los adjetivos.

1. La Laguna de Palos y Las Madres es una laguna de _____ (agua dulce/dulce agua), no salada.

2. El lugar está formado por _____ (lagunas cuatro/cuatro lagunas).

3. Allí viven _____ (tipos varios/varios tipos) de aves, como las garzas y las águilas.

4. La laguna es también un lugar de paso para muchas _____ (aves migratorias/migratorias aves).

5. Algunas de _____ (aves esas/esas aves) migran desde el _____ (continente africano/africano continente).

6. Se encuentran allí unas _____ (especies amenazadas/amenazadas especies).

7. Puedes hacer un recorrido por un _____ (sendero corto/ corto sendero).

8. Es un lugar de _____ (importancia mucha/mucha importancia) para las plantas y animales de la zona.

9. En los alrededores existen _____ (plantaciones forestales/forestales plantaciones) de pino.

10. Es un _____ (lugar gran/gran lugar).

**2** Expresa tus ideas sobre lo siguiente. Para cada grupo, escribe dos oraciones: una con comparativos y otra con superlativos. Incluye algunos ejemplos del superlativo absoluto en tus oraciones.

> Modelo    burros/perros/gatos (inteligente)
> *Los gatos son* **más inteligentes que** *los burros, creo. Pero, para mí, los perros son* **los más inteligentes de** *todos. De hecho, son* **inteligentísimos.**

1. poemas/novelas/cuentos (difícil)

2. Jiménez/Lorca/Machado (famoso)

3. Platero/el narrador/los niños pobres (viejo)

4. playa/lago/río (divertido)

5. comida española/comida italiana/comida mexicana (bueno)

6. uvas/higos/naranjas (rico)

7. establo/mansión/casucha (elegante)

8. Nueva York/Madrid/Londres (estresante)

**3** Describe en un párrafo a una persona que admiras y compárala con otras. Usa algunos de los adjetivos de la lista u otros que has aprendido.

| | |
|---|---|
| alto/bajo | célebre/desconocido |
| delgado/corpulento | callado/extrovertido |
| intelectual/deportista | estadounidense/europeo |

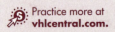

# Ortografía y puntuación

**1.6** ## Acentuación I

- Al hablar, no pronunciamos todas las sílabas con la misma intensidad, sino que una sílaba recibe mayor realce que las demás (acento prosódico o tónico). Por ejemplo, en "pluma", el acento prosódico recae sobre la primera sílaba: [pluma]. Esta sílaba se llama sílaba tónica, y la que no tiene acento, sílaba átona. Debemos identificar la sílaba tónica de una palabra para dominar el uso de la tilde (*written accent*) en palabras de dos o más sílabas.

> **Come cuanto le doy. Le gustan las naranjas, mandarinas, las uvas [...], todas de ámbar; los higos morados, con su cristalina gotita de miel...**

### Palabras agudas

- Las palabras agudas son aquellas cuya última sílaba es tónica.

  **algodón, cristal, ideal**

- Las palabras agudas llevan tilde cuando terminan en -**n**, en -**s** o en **vocal**.

  **camión, compás, sofá, colibrí**

- Cuando terminan en -**s** precedida de otra consonante, se escriben sin tilde.

  **robots, tictacs, carnets**

### Palabras llanas

- Las palabras llanas o graves son aquellas cuya penúltima sílaba es tónica.

  **pequeño, peludo, suave**

- Las palabras llanas llevan tilde cuando no terminan en -**n**, en -**s** o en **vocal**.

  **lápiz, frágil, fácil**

### Palabras esdrújulas y sobresdrújulas

- Las palabras esdrújulas son aquellas cuya antepenúltima sílaba es tónica, y las palabras sobresdrújulas son aquellas en las que es tónica alguna de las sílabas anteriores a la antepenúltima.

  **rozándolas, crepúsculo, cómetelo, cómpraselo**

- Las palabras esdrújulas y sobresdrújulas siempre llevan tilde.

  **fantástico, lágrima, ídolo, ábaco, arréglaselo**

# Práctica

**1** Escribe la tilde en las palabras que lo necesiten.

Cuando en el crepusculo del pueblo, Platero y yo entramos, ateridos, por la oscuridad morada de la calleja miserable que da al rio seco, los niños pobres juegan a asustarse, fingiendose mendigos. Uno se echa un saco a la cabeza, otro dice que no ve, otro se hace el cojo. Despues, en ese brusco cambiar de la infancia, como llevan unos zapatos y un vestido, y como sus madres, ellas sabran como, les han dado algo de comer, se creen unos principes. Es tierno y mimoso igual que un niño, que una niña...; pero fuerte y seco por dentro, como de piedra. Cuando paso sobre el, los domingos, por las ultimas callejas del pueblo, los hombres del campo, vestidos de limpio y despaciosos, se quedan mirandolo.

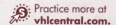 Practice more at vhlcentral.com.

# Ortografía y puntuación

## 1.7 Puntuación I

- Las reglas básicas de puntuación en español son similares a las reglas de puntuación en inglés.

### El punto

- El punto se usa para señalar gráficamente la pausa que marca el final de una oración (que no sea interrogativa o exclamativa). También se usa detrás de las abreviaturas.

    Se ve que Ud. no ha leído *Platero y yo*.

- A diferencia del inglés, en español el punto se escribe siempre detrás de las comillas, los paréntesis y las rayas de cierre.

    "Después de decir esto se fue, dando un portazo". (Creo que estaba muy enfadada).

- Si después del punto comienza otra oración en la misma línea, se denomina **punto (y) seguido**. Cuando el punto separa dos párrafos distintos, se denomina **punto (y) aparte**. Si se escribe al final del texto, se denomina **punto final**.

### La coma

- Al igual que en inglés, la coma se utiliza normalmente para indicar la existencia de una pausa breve dentro de una oración.

| Usos principales | Ejemplos |
|---|---|
| Para separar los elementos de una enumeración. | Es una chica muy educada, amable y estudiosa. |
| Para aislar explicaciones (se utiliza una coma delante del comienzo del inciso y otra al final). | Cuando llegó Daniel, el hermano de mi vecina, todos lo saludaron. Los hombres del campo, vestidos de limpio y despaciosos, se quedan mirándolo. |
| Para separar sustantivos con función de vocativo. | Ha de saber, amigo mío, que lo principal es la felicidad. |
| Para aislar las interjecciones. | No sé, ¡Dios mío!, qué va a ser de nosotros. |
| Para separar el sujeto de los complementos verbales cuando se omite el verbo por haber sido mencionado anteriormente. | Durante el invierno vive en la costa; durante el verano, en la montaña. |
| Delante de **excepto**, **salvo** y **menos**, y delante de conjunciones como **pero**, **aunque**, **sino**, **así que**, etc. | Todo le molesta, excepto el silencio. Haz lo que quieras, pero no olvides que te advertí. |
| Cuando se invierte el orden regular de las partes de una oración. | Fruta, no suelo comer. |
| Detrás de determinados enlaces como **esto es**, **es decir**, **ahora bien**, **en primer lugar**, etc. | Hoy podrán visitarnos. No obstante, los esperaremos mañana. |
| Para separar el lugar y la fecha en la datación de cartas. | En Madrid, a 12 de marzo de 2010 |

## Los dos puntos

| Usos principales | Ejemplos |
|---|---|
| Para introducir una enumeración explicativa. | Ayer visité a tres amigos: Javier, Miguel y Lucía. |
| Para introducir citas y palabras textuales escritas entre comillas. | Como dijo el gran filósofo Aristóteles: "La verdad es la única realidad". |
| Tras las fórmulas de saludo en cartas y documentos. | Muy señor mío: |
| Para conectar oraciones relacionadas entre sí sin necesidad de emplear otro nexo. | Se le ha hecho tarde: no podrá quedarse a cenar. |

**¡ATENCIÓN!**

Es incorrecto escribir dos puntos entre una preposición y el sustantivo o sustantivos que esta introduce:

En el colegio, había estudiantes de Bélgica, Holanda y otros países europeos.

## El punto y coma

| Usos principales | Ejemplos |
|---|---|
| Para separar los elementos de una enumeración con expresiones complejas que incluyen comas. | Quiero que hagan lo siguiente: primero, tomen asiento; después, saquen sus libros; y finalmente, comiencen la lectura. |
| Para separar oraciones sintácticamente independientes, pero relacionadas semánticamente. | Sigan circulando; aquí no hay nada que ver. |
| Delante de nexos adversativos como **pero**, **mas**, **aunque**, **sin embargo**, etc., cuando la oración precedente es larga. | La dirección de la empresa intentó recortar gastos durante todo el año; sin embargo, siguieron teniendo pérdidas. |

# Práctica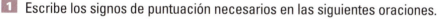

**1** Escribe los signos de puntuación necesarios en las siguientes oraciones.

1. Cuando llegó Emilia la cuñada de mi amiga todo se aclaró.
2. Toda mi familia incluido mi hermano estaba de acuerdo.
3. Ayer me compré tres libros un ordenador una impresora y dos pares de zapatos.
4. Llegué vi vencí.
5. No te vayas sin sacar a pasear al perro recoger el correo y limpiar la casa.
6. Volved a casa inmediatamente niños.
7. Su hija mayor es alta la pequeña baja.
8. Hazlo si quieres pero luego no digas que no te avisé.
9. Juana me regaló dos libros uno de Carlos Fuentes y otro de Cortázar.
10. Ya lo dijo Ortega y Gasset "España sin los toros no se entendería".
11. Siempre me ha gustado ser servicial Dicho de otro modo me gusta ayudar a los demás.
12. Cada equipo viajará por una ruta diferente el primero por la izquierda el segundo por la derecha el tercero de frente.
13. Teníamos que mantener el negocio abierto toda la noche hubo que pedir un crédito.
14. No sé si decírselo o no decírselo No sé qué hacer.
15. Dijo que quería venir pero no pudo.

# TALLER DE ESCRITURA

## 1A La descripción de lugares y objetos

La descripción de objetos y lugares —es decir, la representación verbal de sus características— es uno de los actos más comunes y al mismo tiempo más complejos del lenguaje. ¿Cómo expresar con meras palabras la infinita variedad de cualidades que nuestros sentidos registran? A veces, lo difícil es lograr la mayor precisión posible. Un anuncio de venta en el periódico, por ejemplo, busca comunicar de forma clara, concisa y objetiva las características del objeto para que el lector lo perciba como si lo tuviera presente. Otras veces la precisión no basta y, para expresar la verdadera esencia de un sitio o un objeto, es necesario recurrir a la imaginación, a las comparaciones y a metáforas que sacuden nuestras asociaciones familiares y nos obligan a considerar las cosas como por primera vez.

Al comenzar una descripción, ten en mente las siguientes categorías:

### Características objetivas

Son las características que percibimos a través de nuestros sentidos y que dos observadores distintos compartirán independientemente de sus gustos personales. Define exactamente qué impresión provoca el objeto en tus sentidos. Usa lenguaje preciso para describir sus propiedades. Piensa en preguntas de este tipo:

| | |
|---|---|
| **Para un objeto** | ¿Qué es?<br>¿Qué dimensiones tiene?<br>¿Qué partes lo integran? ¿Cómo está compuesto?<br>¿Cuál es su función? ¿Cómo o para qué se usa? |
| **Para un lugar** | ¿Dónde está?<br>¿Cómo es? ¿Qué vería, oiría y olería una persona que estuviera allí?<br>¿Qué tiene de interesante para alguien que nunca ha estado allí? |

### Impresiones subjetivas

Un objeto puede causar reacciones distintas dependiendo de las asociaciones y preferencias personales del que lo observa. Decir que el color de un auto es "feo" es una evaluación subjetiva. Decir que es "chillón" es más objetivo, aunque también dependerá un poco de cómo entiende cada persona esa palabra. Las impresiones subjetivas no deben menospreciarse ni necesariamente excluirse de una descripción, pero es útil intentar definir de dónde provienen y cómo comunicárselas a un lector que podría no compartir nuestros gustos. Analiza tus propias reacciones para ver qué aspectos particulares del objeto o el lugar las provocan y por qué.

### Analogías y metáforas

Al describir un objeto, ten siempre en mente las siguientes preguntas: ¿A qué se parece? ¿Con qué puedo compararlo? Una de las mejores formas de describir algo que el lector no conoce es a través de analogías con elementos que le sean familiares. Por ejemplo: "El tronco del ombú es grueso como un barril". La metáfora, comparación tácita y a menudo más poética e imaginativa, puede emplearse para llevar a cabo descripciones menos literales, pero más interesantes. Pablo Neruda, en su *Oda a la cebolla*, describe esta sencilla planta como una "redonda rosa de agua", "clara como un planeta".

# Modelo

Lee la siguiente descripción y observa cómo busca comunicar tanto características objetivas como impresiones subjetivas sobre el lugar. Presta atención al uso de adjetivos, comparaciones y metáforas. ¿Hay palabras o frases que cambiarías por otras más precisas? ¿Agregarías algo más?

### La Plaza de Santa Catarina

En la Ciudad de México, en uno de los viejos barrios | 11
coloniales de la ciudad, se encuentra la Plaza de Santa | 21
Catarina. Rodeada en tres de sus costados por caserones | 30
blancos con arcadas, y en el cuarto por una antigua iglesia | 41
de fachada barroca, la pequeña plaza empedrada es un sitio | 51
tranquilo, elegante y encantador, un pedacito del pasado | 59
que se escapó del tiempo. En el centro hay una fuente baja | 71
y redonda, con una sencilla columna y una cara tallada en | 82
piedra de cuya boca brota un fresco chorrito de agua. | 92

Los niños vienen a tirar sus monedas y a pedir sus deseos. | 104
Alrededor de la fuente hay frondosos y ancianos árboles que | 114
como amables gigantes brindan sombra a los paseantes, así | 123
como bancos de piedra donde sentarse a descansar. En una | 133
de las esquinas hay un antiguo café con mesas al aire libre, y | 146
por las mañanas el delicioso aroma de los granos tostándose | 156
en el molinillo se mezcla con la brisa fresca y llena la plaza. | 169

Todo cambia el fin de semana, cuando se hace un | 179
mercado de frutas y verduras, y la gente del barrio viene a | 191
comprar y a pasear. Entonces todo es bullicio, movimiento y | 201
color. Apenas se puede circular por los pequeños caminos | 210
entre los puestos de los vendedores, y los gritos con que | 221
anuncian su mercancía y el murmullo incesante del regateo | 230
y la conversación crean dentro del reducido espacio de la | 240
plaza una especie de tempestuoso oleaje de ruidos y voces. | 250

"¡A cinco las papas!", grita un vendedor. El afilador de | 260
cuchillos toca su silbato y los niños corren a ver las chispas | 272
que saltan de la piedra. Incluso hay un vendedor de pájaros | 283
que lleva colgadas de un palo una multitud de pequeñas | 293
jaulas. El lunes vuelve la calma. Las palomas picotean entre | 303
las piedras. El café abre sus puertas. La campana de la iglesia | 315
toca humildemente la hora y cede al silencio. | 323

Las primeras frases describen el carácter general del lugar. "Pequeña" y "empedrada" son características objetivas. "Encantadora" es una afirmación subjetiva que debe ser respaldada con detalles.

La descripción es en parte literal (la fuente es "baja y redonda") y en parte metafórica (la plaza es "un pedacito del pasado", y los árboles son "amables gigantes").

La descripción intenta abarcar todos los sentidos.

Algunas observaciones podrían ser más específicas. ¿En qué parte de Ciudad de México está la plaza exactamente? ¿Qué tipo de árboles son? ¿Qué frutas y verduras se venden en el mercado? ¿Cómo es la gente del barrio?

## ✿ Tema de composición

**Elige una de estas opciones y escribe una descripción.**

1. Describe uno de estos objetos o lugares.

   a. el lugar que más miedo te ha dado en la vida

   b. el mejor regalo que te han hecho

   c. tu comida preferida

   d. esta fotografía

2. El poeta inglés Craig Raine tiene un poema titulado "Un marciano envía una postal a casa", en el cual describe objetos familiares desde el punto de vista de un marciano que los ve por primera vez. Por ejemplo, los libros le parecen "pájaros mecánicos de muchas alas" que a veces se posan en las manos. Un auto es "una habitación con el cerrojo por dentro, se da vuelta la llave para liberar al mundo y ponerlo en movimiento". Elige un objeto familiar y descríbelo sin mencionar su nombre desde un punto de vista "marciano". Después, dáselo a leer a un(a) compañero/a, quien deberá adivinar de qué objeto se trata.

3. Describe un animal imaginario, incluyendo su aspecto, sus hábitos, lo que come, el medio ambiente en el que vive y todo lo demás que se te ocurra.

## ■ Antes de escribir

Antes de empezar a escribir, conviene pensar en algunas preguntas fundamentales que determinarán el carácter de tu descripción.

- ¿Qué tipo de lector o de público tienes en mente?

- ¿Cuánto sabe de antemano sobre el lugar o el objeto que piensas describirle?

- ¿Qué cosas le interesan?

Si es un lector familiarizado con el tema, tu descripción puede dar ciertas cosas por sentadas que de otra forma tendrías que explicarle. La persona que compra una guía de viajes para leer sobre lugares que quiere visitar busca descripciones concisas, fáciles de leer y llenas de información útil para el viajero; en cambio, el lector de una novela aprecia las descripciones más detalladas y elaboradas.

### ■ Escribir el borrador

Al escribir un borrador, ten en cuenta estos puntos.

- Si puedes tener frente a ti el objeto o el lugar sobre el que quieres escribir, mucho mejor. Si no es posible, intenta al menos tener a mano fotografías e imágenes. Al escribir una descripción de memoria, incluso si solo han pasado unas horas, corres el riesgo de olvidar muchos detalles.

- Antes de componer párrafos enteros, escribe simples listas de palabras y frases que describan el objeto, ya sea desde el punto de vista de sus características objetivas, de la impresión subjetiva que provoca en ti o de analogías y metáforas que lo comparen con otro objeto. Luego puedes ir hilando estas frases para formar una descripción más extensa y articulada.

- A diferencia de una narración, que en general sigue el orden cronológico de los sucesos, una descripción no tiene una estructura predeterminada. Puede empezar por cualquier aspecto del objeto y saltar a otro. Sin embargo, las descripciones deben tener cierta continuidad lógica para que el lector las pueda seguir. Al describir un lugar, por ejemplo, puedes organizar tu descripción de acuerdo con lo que vería una persona caminando de un punto a otro. Al describir un objeto, conviene organizar la descripción de forma que las distintas observaciones sobre cada uno de sus aspectos (apariencia física, función, etc.) queden agrupadas.

### ■ Escribir la versión final

- Una vez terminado el borrador, comienza el trabajo de revisión y edición para producir una versión final. La fase de revisión y edición no consiste en "pulir" el borrador mediante pequeñas correcciones de ortografía y gramática, y mucho menos en apretar el botón de corrección de estilo en el procesador de texto. Consiste en *reescribir* el borrador, a veces cambiando la estructura y eliminando o añadiendo párrafos enteros. Al terminar un borrador y antes de editarlo, es bueno dejar pasar unas horas o un día entero para tomar distancia y juzgarlo objetivamente.

- En las descripciones, los adjetivos y adverbios suelen ser esenciales. Al revisar tu descripción, evalúa cada adjetivo y adverbio y piensa en posibles sinónimos o palabras afines que sean más precisas. Incluso palabras que podrían parecer equivalentes a primera vista suelen tener connotaciones distintas. Decir que una casa es "vieja" es distinto a decir que es "antigua". Decir que una calle es "lúgubre" es distinto a decir que es "siniestra", "triste" o "sombría". Un buen diccionario de sinónimos y antónimos puede ayudarte a encontrar la palabra exacta.

- Al editar, considera también los posibles excesos o repeticiones en tu descripción. Por ejemplo, la descripción de la Plaza de Santa Catarina habla de un "fresco" chorrito de agua, que en cierto sentido es repetitivo, ya que la mención de la fuente y del agua sugiere de por sí la sensación de frescura. Una buena descripción debe ser completa, pero también eficiente en su uso del lenguaje.

# 1B La descripción de personas

La descripción tiene mucho en común con una pintura o una fotografía, ya que lo que intenta es plasmar lo que se ve, la imagen de la realidad que se percibe. Como la mayoría de las historias tratan sobre personas, aunque no nos demos cuenta, leemos, escuchamos y hacemos descripciones de personas constantemente.

Cada libro o relato necesita describir a sus personajes: los sitios de Internet o revistas que promocionan citas amorosas presentan descripciones de los candidatos; los artículos periodísticos o entrevistas hacen una presentación acerca de los entrevistados; y hasta las conversaciones cotidianas incluyen descripciones de las personas involucradas.

La descripción de una persona siempre implica tres elementos fundamentales:

- **observación** de los detalles que se destacan de esa persona

- **selección** de las características que la representan

- **organización** de los detalles percibidos (desde lo general a lo particular, de lo exterior a lo interior, etc.)

Para decir cómo es una persona no basta con conocer su aspecto, cómo se viste o de qué color es su cabello. Una descripción estrictamente física no nos dará demasiados datos sobre alguien, pero señalar cómo habla y piensa, qué le gusta y qué no, y cómo la perciben los demás puede resultar mucho más informativo.

Existen distintos tipos de descripciones de personas según los rasgos que se describan:

| | |
|---|---|
| **Prosopografía** | Descripción física, de características exteriores: los rasgos más importantes son el aspecto general (estatura, peso, edad, etc.), el rostro (color de piel, cabellos, ojos, forma de la nariz, etc.) y la vestimenta. |
| **Etopeya** | Descripción de rasgos internos, psicológicos o morales: manera de ser y actuar, carácter, personalidad, reacciones, costumbres y sentimientos. |
| **Retrato (o autorretrato)** | Descripción combinada de las dos anteriores. |
| **Caricatura** | Retrato exagerado donde se acentúan o distorsionan ciertos rasgos o defectos; tiene generalmente una intención humorística o satírica. |

Una descripción puede ser estrictamente objetiva, cuando se busca reflejar la realidad con exactitud, o puede ser subjetiva, cuando la persona que describe presenta su visión; en este caso, los sentimientos, ideas y pareceres del observador quedarán reflejados en la descripción. También se pueden colar estereotipos, que son formas de representar (y de juzgar) a la gente en términos fijos e inflexibles a partir de un modelo mental muy simplificado que se puede tener de un grupo determinado.

Los medios de comunicación muchas veces se sienten atraídos por estos estereotipos, que proporcionan imágenes rápidas al espectador ("el vago", "el niño bien", "la mala", "el anciano avaro", etc.). Sin embargo, hay que tener en mente que los estereotipos siempre manifiestan una visión limitada y esquemática porque ignoran la complejidad psicológica de cada persona y reducen sus rasgos hasta llegar, a veces, a la caricatura.

# Modelo

Lee la siguiente descripción y presta atención al tono y al uso del lenguaje. ¿Qué clase de persona te parece que es el observador? ¿Qué importancia tiene eso en su descripción? ¿Cómo se filtran en el texto los sentimientos que le despiertan los personajes que describe?

### Clientes VIP

En cuanto entraron a la tienda, los reconocí perfectamente, como si ya supiera quiénes eran, aunque nunca los había visto hasta ese día. Él tenía el aspecto del típico niño adinerado, con su auto nuevo estacionado en la puerta, regalo de papá, seguramente. Ella estaba vestida a la moda y miraba por encima del hombro a todo el mundo. Después supe que él se llamaba Ramiro y que seguía los pasos de todos los hijos menores de su familia; es decir, era la oveja negra. A pesar de tener ya más de veinticinco años, no había trabajado nunca. Vivía de fiesta en fiesta y usaba sin remordimientos la multitud de tarjetas de crédito que guardaba en una gorda cartera de cuero. Era algo torpe, tenía el cabello cuidadosamente desprolijo y los ojos hinchados de sueño (aunque ya era pasado el mediodía). Llevaba un traje impecable y zapatillas de colores que le daban el toque imprescindible para alguien de su clase que quiere estar a la moda.

Ella, de nombre Valentina, Delfina, Justina o algo parecido, intentaba no fijar sus hermosos ojos dorados en nadie ni nada. No tendría más de veintidós años y se notaba que también acababa de levantarse, pero todavía no parecía del todo despierta. Estaba sospechosamente delgada y las grandes gafas de sol sostenían hacia atrás el cabello demasiado rubio que le caía sobre la espalda. A cada paso daba la impresión de que se iba a caer, trepada a sus altísimos Louboutin (los reconocí por la suela roja). Esta es otra que no trabajó nunca, pensé entonces, mientras me adelantaba a recibir a Ramiro y su novia Valentina, Delfina o Justina: la chica Louboutin, como la bauticé mentalmente.

No podrían importarme menos, pero yo sí trabajaba (no tenía otra opción), necesitaba ganar algunas comisiones de ventas y ellos eran clientes potenciales que evidentemente no se fijaban en el dinero: iban a ser presa fácil.

Al comienzo se establece el tono fijando estereotipos, como "niño adinerado", que desarrollará el resto del texto.

Se presentan los aspectos morales del personaje y luego el aspecto general, siempre buscando reafirmar el estereotipo que mantiene el observador.

Se recurre a un lenguaje teñido de doble sentido, con frases como: "sospechosamente delgada".

Se incluyen abiertamente los sentimientos que los personajes despiertan en el observador. La descripción podría ser muy distinta si la hiciera otro observador con diferentes puntos de vista, estereotipos, sentimientos, etc.

¿Cuáles son los objetos/lugares?
— Cómo están
¿Cómo son?
— características objetivas / impresiones subjetivas
¿Quiénes son las personas?
¿Cómo son? (Prosopografía / Etopeya)

# ❧ Tema de composición

Elige una de las siguientes opciones y escribe una descripción:

1. autorretrato

2. etopeya de un personaje literario o cinematográfico

3. caricatura de un personaje público

## ■ Antes de escribir

Antes de comenzar a escribir, consulta las instrucciones del taller 1A (**p. 22**). Recuerda que es importante que decidas a qué clase de lector te diriges. Mediante tu descripción (y únicamente con ella), el lector debe poder identificar a la persona que "pintas" con la misma claridad que tendría si la estuviera viendo en ese momento. Piensa también cuál será el tono más conveniente para el tipo de descripción que has elegido realizar: serio, irónico, censurador, etc.

## ■ Escribir el borrador

Para escribir tu borrador, puede resultarte útil formar tres listas:

- Características del personaje que vas a describir: sus rasgos físicos; cómo actúa, se mueve y habla; qué siente, piensa o desea, etc. Si te parece que encaja en algún estereotipo, puedes incluirlo en tu descripción tanto para afirmarlo como para negarlo. Lo importante es que sumes datos para responder a estas preguntas: ¿Cómo es él/ella? ¿Qué clase de persona es?

- Sentimientos que te produce a ti este personaje: admiración, rencor, ira, ternura, etc.

- Metáforas o comparaciones que se te ocurran para describir mejor y con más viveza las características de esta persona.

Luego, de las listas que escribiste, elige los rasgos que te parezcan más característicos del personaje que vas a describir y elimina los que resulten innecesarios para tu tipo de descripción.

Presta atención a cierto orden lógico en la enumeración: del aspecto general a los detalles más concretos o viceversa. Elige un ambiente o situación en el que puedas presentar al personaje conversando, jugando o trabajando; es decir, realizando la actividad que mejor lo "pinta" para que cobre vida ante los ojos del lector.

Escribe un borrador de tu descripción a partir de todo lo que has reunido. Al final, puedes intercambiarlo con un(a) compañero/a y hacer la prueba de que identifique al personaje únicamente a partir de tu composición. Además, puedes pedir a tu compañero/a sugerencias para pulir tu descripción.

## ■ Escribir la versión final

Revisa tu borrador siguiendo las instrucciones del taller 1A (**p. 22**) e incorporando las correcciones y comentarios que te haya hecho tu compañero/a. Recuerda que tu descripción debe ser un dibujo lo más claro posible de una persona, de tal modo que el lector pueda identificarla o conocerla, y recrearla en el momento de la lectura. Para ello, usa los recursos expresivos que logren hacer más viva y novedosa tu descripción: adjetivos, comparaciones, analogías, imágenes sensoriales y metáforas.

# 1C La comparación

A veces, para describir una realidad desde nuestro punto de vista necesitamos expresarla en forma comparativa: para esto bastan dos términos (pueden ser objetos, situaciones, hechos o personas) entre los que se establece una relación, ya sea para destacar las similitudes o señalar las diferencias. Así, por comparación o contraste, comunicamos lo que queremos decir con mayor claridad.

Este recurso es común en publicidades de productos que cumplen una función similar, en la presentación de políticos que son candidatos para el mismo puesto de gobierno, en informes sobre situaciones laborales y salariales de hombres y mujeres, en análisis de estadísticas de diferentes épocas, etc. Incluso todos utilizamos la misma estructura de pensamiento en nuestra vida diaria cuando decidimos qué zapatos comprar, si ir de vacaciones a la montaña o al mar, o qué camino nos conviene tomar para llegar más rápido a una cita.

A la hora de escribir una comparación hay que tomar varias decisiones: se puede intentar una objetividad casi científica, pero también dar rienda suelta a la subjetividad y expresar fuertemente una opinión personal sobre el tema. La decisión dependerá del tipo de comparación que estamos haciendo. Por otro lado, podemos elogiar los dos términos de la comparación y señalar similitudes, o elogiar uno y criticar el otro.

Tenemos además opciones en cuanto al esquema de redacción: describir los términos en bloques separados, cada uno en un párrafo diferente, o comparar los términos punto por punto en el mismo párrafo o incluso en la misma oración. Lo importante es elegir el esquema que exprese con más claridad nuestro punto de vista y que sea más adecuado para el tipo de composición.

Siempre es recomendable tener en cuenta el siguiente orden:

| | |
|---|---|
| **Introducción** | Es preciso informar claramente de qué se va a hablar, plantear el tema e indicar cuáles serán los términos que se van a relacionar mediante la comparación. |
| **Descripción** | La descripción puede enfocarse o bien en los rasgos comunes que comparten los dos términos, o bien en los que los diferencian, e ir avanzando por bloques o punto por punto. Es preciso elegir una estructura y mantenerla con claridad: esto ayuda a establecer analogías a partir de rasgos variables (tamaño, forma, procedencia, historia, costo, utilidad, etc.) y organizar todo esto siguiendo un orden lógico, ya sea cronológico, temático o el que mejor sirva el propósito de la descripción. |
| **Conclusión** | Por último, hay que expresar una conclusión, resumiendo los datos más importantes que se han destacado y retomando lo anunciado en la introducción para ratificarlo o modificarlo. |

Para escribir la comparación, puedes utilizar adjetivos comparativos y superlativos; también comparar y contrastar cualidades, tamaños, cantidades, historias, situaciones, actitudes, etc. Los dos términos deben ser tratados en forma paralela para que el lector vea la relación entre ambos términos sin tener que esforzarse; de lo contrario, el objetivo no se consigue y todo el esquema fracasa.

# Modelo

Lee el texto y observa cómo se desarrolla el tema a partir de la presentación de comparaciones y contrastes. ¿Te parece que esta estructura favorece la exposición o habría sido preferible optar por un esquema en bloques?

### La pareja ideal

Hay quienes señalan que, a la hora de elegir alma gemela, es fundamental conocer la compatibilidad de los signos zodiacales de una y otra parte porque, mientras algunas uniones pueden llevarnos al paraíso, otras podrían resultar verdaderos desastres cósmicos.

Por ejemplo, cuando el destino enamora a Aries de Cáncer, las cosas se vuelven complicadas, porque sus caracteres son opuestos. Cáncer quiere quedarse en su casa, que transforma en un nido de amor y estabilidad: para él (o ella), la familia es lo primero, y su temperamento afectuoso precisa de un clima cálido para sentirse bien; mientras que Aries es impulsivo y no le agradan las responsabilidades del hogar ni sentirse atado, así que pronto comenzarán los desacuerdos. Algo parecido ocurre con la dupla Virgo-Sagitario: Virgo es muy formal, se organiza mejor que nadie y se esfuerza por evitar cualquier riesgo. Por el contrario, Sagitario es efusivo y alegre, y necesita lanzarse a la vida sin reparos.

Podríamos suponer, entonces, que lo mejor es buscar ciertas similitudes para asegurarnos una relación exitosa. Sin embargo, a veces, las dificultades pueden surgir precisamente por ser demasiado parecidos, como en el caso de Escorpio y Leo: los dos exhiben un carácter fuerte y son igualmente individualistas y ambiciosos; competirán para ver quién brilla más y pasarán del amor al odio en un instante. Lo mismo sucede con Capricornio y Libra: ambos intentarán constantemente dominarse el uno al otro para ver quién tiene más poder en la pareja.

Entonces, ¿cuál sería la solución ideal? Nadie lo sabe. Pero si eres Libra o Cáncer, tu romanticismo incurable te hará pensar que el amor todo lo puede; a Capricornio, la intolerancia al fracaso le hará perseverar con su pareja elegida; Virgo sabe adaptarse mejor que muchos; Escorpio es demasiado obstinado para hacer caso a nadie; y Aries ama los riesgos más que cualquier otra cosa. Y, como todo depende del cristal con que se mire, la sabiduría popular aporta dos frases que pueden venirte como anillo al dedo para que en el amor solo le hagas caso al corazón: "Polos opuestos se atraen", dice una, y "los parecidos andan unidos", pregona la otra. Vaya cada uno a saber…

---

**Desde el principio se establece el tema de la comparación (la compatibilidad de los signos del zodíaco) y el objetivo del texto (encontrar la forma de saber si una pareja va a funcionar bien o no).**

**El autor propone algunos ejemplos y contrasta punto por punto las cualidades de uno y otro para destacar más las diferencias.**

**Aquí se desarrolla la tesis opuesta, a partir de la comparación de cualidades y características similares.**

**Al final se retoman el tema y el objetivo enunciados en el comienzo, modificando el planteo inicial y proponiendo una nueva idea: solo hacer "caso al corazón".**

Practice more at
**vhlcentral.com.**

# Tema de composición

Observa con atención las siguientes fotografías. Imagina que, por alguna razón (adopción de mascotas, concurso de perros, etc.), necesitas comparar estos dos perros, y preséntalos, destacando sus características, rasgos y personalidad.

## ■ Antes de escribir

Planea la razón por la que escribirás la comparación y dedica unos minutos a observar las dos fotografías hasta que hayas captado la personalidad de cada uno de los perros retratados y decidido tu enfoque del tema. Elige el tono: puede ser objetivo (por ejemplo, si los perros son protagonistas de una película cuyos personajes te toca describir) o subjetivo (por ejemplo, son los perros de tu abuela y uno te gusta y el otro no).

## ■ Escribir el borrador

Haz dos listas, una para cada foto, anotando todas las características que observas y también las que se te ocurran a partir de las imágenes. Puedes poner un nombre a cada perro e inventar sus biografías y una o dos anécdotas que puedas utilizar para exponer el tema que hayas elegido. Intenta identificar los paralelismos que te servirán para estructurar las comparaciones o contrastes; elige las analogías que vas a presentar y el esquema del texto; y escribe algunos párrafos.

## ■ Escribir la versión final

Después de corregir tu borrador, escribe la versión final. Recuerda que la introducción y la conclusión deben estar unidas: lo que se expuso al comienzo debe retomarse en la conclusión, bien para resumir o ratificar, o bien para modificar la propuesta de la introducción. Comprueba que eso se cumpla.

# La
# narración

# Lección

2

"Un buen escritor expresa grandes cosas con pequeñas palabras: a la inversa del mal escritor, que dice cosas insignificantes con palabras grandiosas".

—Ernesto Sábato

La narración es uno de los tipos textuales más comunes. Existen narraciones formales, como los cuentos, las novelas, las obras autobiográficas, los textos de historia. Pero existen también infinidad de narraciones informales: postales, cartas, chistes, anécdotas. Todas las narraciones tienen elementos comunes: un narrador relata para una audiencia una serie de acciones o incidentes que involucran a uno o más protagonistas. En los relatos autobiográficos, el autor es a su vez narrador y protagonista. En otros relatos, el narrador es un observador externo diferente del autor.

En esta lección, te daremos las herramientas necesarias para ser un narrador eficaz en español.

**EXPANSIÓN**
*A Handbook of Contemporary Spanish Grammar*
**Chapters 1, 15, 18**

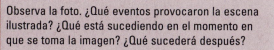

Observa la foto. ¿Qué eventos provocaron la escena ilustrada? ¿Qué está sucediendo en el momento en que se toma la imagen? ¿Qué sucederá después?

## LECTURA

**Gabriel García Márquez** nació en 1928 en Aracataca, Colombia, un pequeño pueblo cerca del mar Caribe. García Márquez fue criado por sus abuelos entre mitos, leyendas y libros fantásticos. Eso fue construyendo la base de su futura obra narrativa. Comenzó a estudiar derecho, pero lo abandonó para dedicarse al periodismo. Como corresponsal en Italia, viajó por toda Europa. Vivió en diferentes lugares y escribió guiones (*scripts*) cinematográficos, cuentos y novelas. En 1967 publicó su novela más famosa, *Cien años de soledad*, cuya acción transcurre en el mítico pueblo de Macondo. En 1982 recibió el Premio Nobel de Literatura.

*La siesta del martes*, uno de siete relatos que integran *Los funerales de la Mamá Grande* (1962), también tiene lugar en Macondo. Sin embargo, es un relato puramente realista, sin los elementos fantásticos que suelen asociarse con el "realismo mágico" de García Márquez. Con un estilo parco y sencillo, y a través de una multitud de detalles meticulosamente observados, el cuento revela poco a poco el carácter y la vida interior de sus personajes. García Márquez dijo alguna vez que se trata de su mejor cuento y que, como toda su obra, tuvo su origen en una imagen simple: "la visión de una mujer y una niña vestidas de negro, con un paraguas negro, caminando bajo el sol abrasante de un pueblo desierto". ■

# La siesta
# del martes

> El cuento empieza súbitamente y sin ninguna explicación, situando al lector de golpe en lo que está ocurriendo.

E l tren salió del trepidante[1] corredor de rocas bermejas[2], penetró en las plantaciones de banano, simétricas e interminables, y el aire se hizo húmedo y no se volvió a sentir la brisa del mar. Una humareda sofocante[3] entró por la ventanilla del vagón. En el estrecho camino paralelo a la vía férrea había carretas de
5  bueyes cargadas de racimos verdes. Al otro lado del camino, en intempestivos[4] espacios sin sembrar, había oficinas con ventiladores eléctricos, campamentos de ladrillos rojos y residencias con sillas y mesitas blancas en las terrazas entre palmeras y rosales polvorientos. Eran las once de la mañana y aún no había empezado el calor.

> Para indicar un diálogo se debe usar la **raya** o **guión largo**. Ver **p. 55**.

10     —Es mejor que subas el vidrio —dijo la mujer—. El pelo se te va a llenar de carbón.

La niña trató de hacerlo, pero la persiana[5] estaba bloqueada por óxido.

Eran los únicos pasajeros en el escueto[6] vagón de tercera clase. Como el humo de la locomotora siguió entrando por la ventanilla, la niña abandonó el puesto y
15  puso en su lugar los únicos objetos que llevaban: una bolsa de material plástico con cosas de comer y un ramo de flores envuelto en papel de periódicos. Se sentó en el asiento opuesto, alejada de la ventanilla, de frente a su madre. Ambas guardaban un luto[7] riguroso y pobre.

[1]*trembling, shaking*  [2]*crimson*  [3]*stifling*  [4]*harsh, wild*  [5]*window blinds*  [6]*bare, unadorned*  [7]*were in mourning dress*

La niña tenía doce años y era la primera vez que viajaba. La mujer parecía demasiado vieja para ser su madre, a causa de las venas azules en los párpados y del cuerpo pequeño, blando y sin formas, en un traje cortado como una sotana[8]. Viajaba con la columna vertebral firmemente apoyada contra el espaldar del asiento, sosteniendo en el regazo con ambas manos una cartera de charol desconchado[9]. Tenía la serenidad escrupulosa de la gente acostumbrada a la pobreza.

A las doce había empezado el calor. El tren se detuvo diez minutos en una estación sin pueblo para abastecerse de agua. Afuera, en el misterioso silencio de las plantaciones, la sombra tenía un aspecto limpio. Pero el aire estancado dentro del vagón olía a cuero sin curtir. El tren no volvió a acelerar. Se detuvo en dos pueblos iguales, con casas de madera pintadas de colores vivos. La mujer inclinó la cabeza y se hundió en el sopor[10]. La niña se quitó los zapatos. Después fue a los servicios sanitarios a poner en agua el ramo de flores muertas.

Cuando volvió al asiento la madre le esperaba para comer. Le dio un pedazo de queso, medio bollo de maíz y una galleta dulce, y sacó para ella de la bolsa de material plástico una ración igual. Mientras comían, el tren atravesó muy despacio un puente de hierro y pasó de largo por un pueblo igual a los anteriores, sólo que en éste había una multitud en la plaza. Una banda de músicos tocaba una pieza alegre bajo el sol aplastante[11]. Al otro lado del pueblo en una llanura cuarteada[12] por la aridez, terminaban las plantaciones.

> ## "Tenía la serenidad escrupulosa de la gente acostumbrada a la pobreza".

La mujer dejó de comer.

—Ponte los zapatos —dijo.

La niña miró hacia el exterior. No vio nada más que la llanura desierta por donde el tren empezaba a correr de nuevo, pero metió en la bolsa el último pedazo de galleta y se puso rápidamente los zapatos. La mujer le dio la peineta.

—Péinate —dijo.

El tren empezó a pitar mientras la niña se peinaba. La mujer se secó el sudor del cuello y se limpió la grasa de la cara con los dedos. Cuando la niña acabó de peinarse el tren pasó frente a las primeras casas de un pueblo más grande pero más triste que los anteriores.

—Si tienes ganas de hacer algo, hazlo ahora —dijo la mujer—. Después, aunque te estés muriendo de sed no tomes agua en ninguna parte. Sobre todo, no vayas a llorar.

La niña aprobó con la cabeza. Por la ventanilla entraba un viento ardiente y seco, mezclado con el pito de la locomotora y el estrépito de los viejos vagones. La mujer enrolló la bolsa con el resto de los alimentos y la metió en la cartera. Por un instante, la imagen total del pueblo, en el luminoso martes de agosto, resplandeció en la ventanilla. La niña envolvió las flores en los periódicos empapados, se apartó un poco más de la ventanilla y miró fijamente a su madre. Ella le devolvió una expresión apacible. El tren acabó de pitar y disminuyó la marcha. Un momento después se detuvo.

La narración de una historia suele ser en el pasado. Aquí, el autor emplea el **imperfecto**, el **pretérito perfecto simple** y el **pretérito pluscuamperfecto**. Ver **pp. 46-48**.

El escritor estructura el orden temporal de los sucesos utilizando conjunciones como **cuando** y **mientras**.

Los adjetivos que emplea un escritor pueden ser más objetivos (**la llanura desierta**) o más subjetivos (**el pueblo triste**), en cuyo caso cada lector formará su propia imagen del pueblo.

[8]*cassock* [9]*chipped* [10]*lethargy, drowsiness* [11]*crushing* [12]*cracked*

No había nadie en la estación. Del otro lado de la calle, en la acera sombreada por los almendros, sólo estaba abierto el salón de billar [13]. El pueblo flotaba en calor. La mujer
70 y la niña descendieron del tren, atravesaron la estación abandonada cuyas baldosas[14] empezaban a cuartearse por la presión de la hierba, y cruzaron la calle hasta la acera de sombra.

Eran casi las dos. A esa hora, agobiado por el sopor, el pueblo hacía la siesta. Los almacenes, las oficinas públicas, la escuela municipal, se cerraban desde las
75 once y no volvían a abrirse hasta un poco antes de las cuatro, cuando pasaba el tren de regreso. Sólo permanecían abiertos el hotel frente a la estación, su cantina y su salón de
80 billar, y la oficina del telégrafo a un lado de la plaza. Las casas, en su mayoría construidas sobre el modelo de la

## "…la mujer y la niña penetraron en el pueblo sin perturbar la siesta".

85 compañía bananera, tenían las puertas cerradas por dentro y las persianas bajas. En algunas hacía tanto calor que sus habitantes almorzaban en el patio. Otros recostaban un asiento a la sombra de los almendros y hacían la siesta sentados en plena calle.

Buscando siempre la protección de los almendros, la mujer y la niña
90 penetraron en el pueblo sin perturbar[15] la siesta. Fueron directamente a la casa cural[16]. La mujer raspó con la uña la red metálica de la puerta, esperó un instante y volvió a llamar.

—Necesito al padre —dijo.

—Ahora está durmiendo.

95 —Es urgente —insistió la mujer.

Su voz tenía una tenacidad reposada.

[13]*billiard room*  [14]*paving stones*  [15]*disturb*  [16]*parish house*

La puerta se entreabrió sin ruido y apareció una mujer madura y regordeta, de cutis[17] muy pálido y cabellos color hierro. Los ojos parecían demasiado pequeños detrás de los gruesos cristales de los lentes.

—Sigan —dijo, y acabó de abrir la puerta.

Entraron en una sala impregnada de un viejo olor de flores. La mujer de la casa las condujo hasta un escaño[18] de madera y les hizo señas de que se sentaran. La niña lo hizo, pero su madre permaneció de pie, absorta, con la cartera apretada en las dos manos. No se percibía ningún ruido detrás del ventilador eléctrico.

La mujer de la casa apareció en la puerta del fondo.

—Dice que vuelvan después de las tres —dijo en voz muy baja—. Se acostó hace cinco minutos.

—El tren se va a las tres y media —dijo la mujer.

Fue una réplica breve y segura, pero la voz seguía siendo apacible, con muchos matices[19]. La mujer de la casa sonrió por primera vez.

—Bueno —dijo.

Cuando la puerta del fondo volvió a cerrarse la mujer se sentó junto a su hija. La angosta sala de espera era pobre, ordenada y limpia. Al otro lado de una baranda de madera que dividía la habitación, había una mesa de trabajo, sencilla, con un tapete de hule[20], y encima de la mesa una máquina de escribir primitiva junto a un vaso con flores. Detrás estaban los archivos parroquiales.

> **"Es el ladrón que mataron aquí la semana pasada. Yo soy su madre".**

Se notaba que era un despacho arreglado por una mujer soltera.

La puerta del fondo se abrió y esta vez apareció el sacerdote limpiando los lentes con un pañuelo. Sólo cuando se los puso pareció evidente que era hermano de la mujer que había abierto la puerta.

—¿Qué se les ofrece? —preguntó.

—Las llaves del cementerio —dijo la mujer.

La niña estaba sentada con las flores en el regazo y los pies cruzados bajo el escaño. El sacerdote la miró, después miró a la mujer y después, a través de la red metálica de la ventana, el cielo brillante y sin nubes.

—Con este calor —dijo—. Han podido esperar a que bajara el sol.

La mujer movió la cabeza en silencio. El sacerdote pasó del otro lado de la baranda, extrajo del armario un cuaderno forrado de hule, un plumero[21] de palo y un tintero, y se sentó a la mesa. El pelo que le faltaba en la cabeza le sobraba en las manos.

—¿Qué tumba van a visitar? —preguntó.

—La de Carlos Centeno —dijo la mujer.

—¿Quién?

—Carlos Centeno —repitió la mujer.

El padre siguió sin entender.

—Es el ladrón que mataron aquí la semana pasada —dijo la mujer en el mismo tono—. Yo soy su madre.

---

[17]*complexion, skin*  [18]*bench, seat*  [19]*shades, hues, nuances*  [20]*rubber mat*  [21]*duster*

El sacerdote la escrutó[22]. Ella lo miró fijamente, con un dominio reposado, y el padre se ruborizó. Bajó la cabeza para escribir. A medida que llenaba la hoja pedía a la mujer los datos de su identidad, y ella respondía sin vacilación, con detalles precisos, como si estuviera leyendo. El padre empezó a sudar. La niña se desabotonó la trabilla[23] del zapato izquierdo, se descalzó el talón y lo apoyó en el contrafuerte. Hizo lo mismo con el derecho.

Todo había empezado el lunes de la semana anterior, a las tres de la madrugada y a pocas cuadras de allí. La señora Rebeca, una viuda solitaria que vivía en una casa llena de cachivaches[24], sintió a través del rumor de la llovizna que alguien trataba de forzar desde afuera la puerta de la calle. Se levantó, buscó a tientas en el ropero un revólver arcaico que nadie había disparado

> **"Agarró el arma con las dos manos, cerró los ojos y apretó el gatillo".**

desde los tiempos del coronel Aureliano Buendía, y fue a la sala sin encender las luces. Orientándose no tanto por el ruido de la cerradura como por un terror desarrollado en ella por 28 años de soledad, localizó en la imaginación no sólo el sitio donde estaba la puerta sino la altura exacta de la cerradura. Agarró el arma con las dos manos, cerró los ojos y apretó el gatillo. Era la primera vez en su vida qué disparaba un revólver. Inmediatamente después de la detonación no sintió nada más que el murmullo de la llovizna en el techo de zinc. Después percibió un golpecito metálico en el andén de cemento y una voz muy baja, apacible, pero terriblemente fatigada: "Ay, mi madre". El hombre que amaneció muerto frente a la casa, con la nariz despedazada, vestía una franela a rayas de colores, un pantalón ordinario con una soga en lugar de cinturón, y estaba descalzo. Nadie lo conocía en el pueblo.

—De manera que se llamaba Carlos Centeno —murmuró el padre cuando acabó de escribir.

—Centeno Ayala —dijo la mujer—. Era el único varón.

El sacerdote volvió al armario. Colgadas de un clavo en el interior de la puerta había dos llaves grandes y oxidadas, como la niña imaginaba y como imaginaba la madre cuando era niña y como debió imaginar el propio sacerdote alguna vez que eran las llaves de San Pedro. Las descolgó, las puso en el cuaderno abierto sobre la baranda y mostró con el índice un lugar en la página escrita, mirando a la mujer.

—Firme aquí.

La mujer garabateó su nombre, sosteniendo la cartera bajo la axila. La niña recogió las flores, se dirigió a la baranda arrastrando los zapatos y observó atentamente a su madre.

El párroco suspiró.

—¿Nunca trató de hacerlo entrar por el buen camino?

La mujer contestó cuando acabó de firmar.

—Era un hombre muy bueno.

El sacerdote miró alternativamente a la mujer y a la niña y comprobó con una especie de piadoso estupor[25] que no estaban a punto de llorar. La mujer continuó inalterable:

El *flashback* es una técnica narrativa que interrumpe el orden cronológico de los eventos para narrar sucesos anteriores.

---

[22]*inspected, scrutinized* [23]*clasp, buckle* [24]*knick-knacks* [25]*amazement*

—Yo le decía que nunca robara nada que le hiciera falta a alguien para comer, y él me hacía caso. En cambio, antes, cuando boxeaba, pasaba tres días en la cama postrado[26] por los golpes.

—Se tuvo que sacar todos los dientes —intervino la niña.

—Así es —confirmó la mujer—. Cada bocado que comía en ese tiempo me sabía a los porrazos[27] que le daban a mi hijo los sábados a la noche.

—La voluntad de Dios es inescrutable —dijo el padre.

Pero lo dijo sin mucha convicción, en parte porque la experiencia lo había vuelto un poco escéptico, y en parte por el calor. Les recomendó que se protegieran la cabeza para evitar la insolación. Les indicó bostezando y ya casi completamente dormido, cómo debían hacer para encontrar la tumba de Carlos Centeno. Al regreso no tenían que tocar. Debían meter la llave por debajo de la puerta, y poner allí mismo, si tenían, una limosna para la Iglesia. La mujer escuchó las explicaciones con mucha atención, pero dio las gracias sin sonreír.

Desde antes de abrir la puerta de la calle el padre se dio cuenta de que había alguien mirando hacia adentro, las narices aplastadas contra la red metálica. Era un grupo de niños. Cuando la puerta se abrió por completo los niños se dispersaron. A esa hora, de ordinario, no había nadie en la calle. Ahora no sólo estaban los niños. Había grupos bajo los almendros. El padre examinó la calle distorsionada por la reverberación, y entonces comprendió. Suavemente volvió a cerrar la puerta.

> **"Yo le decía que nunca robara nada [...] y él me hacía caso".**

—Esperen un minuto —dijo, sin mirar a la mujer.

Su hermana apareció en la puerta del fondo, con una chaqueta negra sobre la camisa de dormir y el cabello suelto en los hombros. Miró al padre en silencio.

—¿Qué fue? —preguntó él.

—La gente se ha dado cuenta —murmuró su hermana.

—Es mejor que salgan por la puerta del patio —dijo el padre.

—Es lo mismo —dijo su hermana—. Todo el mundo está en las ventanas.

La mujer parecía no haber comprendido hasta entonces. Trató de ver la calle a través de la red metálica. Luego le quitó el ramo de flores a la niña y empezó a moverse hacia la puerta. La niña siguió.

—Esperen a que baje el sol —dijo el padre.

—Se van a derretir —dijo su hermana, inmóvil en el fondo de la sala—. Espérense y les presto una sombrilla.

—Gracias —replicó la mujer—. Así vamos bien.

Tomó a la niña de la mano y salió a la calle. ■

---

[26] *prostrate, beaten-down*  [27] *blows, whacks*

# Después de leer

**1 Comprensión** Contesta estas preguntas con oraciones completas.

1. ¿Adónde viajan la señora y la niña? ¿Por qué motivo?

2. ¿Por qué van a ver al cura del pueblo?

3. ¿Quién es Carlos Centeno? ¿Cómo murió?

4. ¿Quién es la señora Rebeca?

5. ¿Por qué le pide el cura a la señora que firme el cuaderno?

6. ¿Por qué les dice el cura a la señora y a la niña que salgan por la puerta del patio?

**2 Análisis** En parejas, contesten estas preguntas.

1. ¿La transgresión del hijo justifica el precio que paga? ¿Qué consecuencias sufren otros personajes?

2. ¿Qué imagen presenta *La siesta del martes* sobre las clases sociales? ¿Cómo es la jerarquía social que describe o sugiere el autor?

3. ¿Cómo se relacionan entre sí los personajes de distintas clases sociales? ¿Cómo sabemos a qué clase pertenece cada personaje? Da ejemplos del texto.

4. El narrador de *La siesta del martes* nunca dice lo que piensan o sienten los personajes. ¿Cómo logra comunicar el carácter y la personalidad de cada uno? Escribe tres adjetivos que describan a cada uno de los personajes centrales, y explica cómo lo concluyes a partir del relato. Por ejemplo: "Creo que el cura es insensible, porque bosteza cuando le dice a la señora cómo encontrar la tumba de su hijo".

5. ¿Qué relación crees que tenía la madre con su hijo? ¿Piensas que la madre defiende los actos de su hijo? ¿Por qué?

6. ¿Por qué crees que García Márquez decidió titular su cuento *La siesta del martes*? ¿Por qué no *Carlos Centeno* o *La muerte de un ladrón*? Explica por qué *La siesta del martes* es o no es un buen título.

7. ¿Por qué el autor describe tan detalladamente el paisaje y el clima? ¿Están relacionados de alguna manera con lo que les sucede a los personajes?

8. Además del paisaje y el clima, ¿qué otros elementos elige destacar el autor? ¿Por qué crees que son importantes?

9. Hay muchas formas de narrar una historia: en primera persona o en tercera persona, desde el punto de vista de alguien involucrado en los sucesos o de un observador imparcial. ¿Cómo describirías la "voz" del narrador en *La siesta del martes*? ¿Por qué crees que García Márquez optó por esa voz en particular?

10. *La siesta del martes* termina de manera súbita: "Tomó a la niña de la mano y salió a la calle". ¿Por qué decide García Márquez interrumpir la narración en ese momento? ¿Te parece una buena manera de concluir? ¿Crees que la conclusión de un cuento debe resolver todas las dudas del lector, o dejarlo en suspenso?

11. ¿Qué función crees que tiene en el relato el personaje de la niña? ¿Por qué crees que García Márquez decidió incluirla? ¿Cómo cambiaría el cuento si la madre fuera al pueblo sola?

### 3 Orden cronológico y orden del relato

**A.** Estos son algunos de los incidentes de *La siesta del martes*, en orden cronológico. Ordénalos según se mencionan o describen en el cuento. Pon entre paréntesis los eventos que no se mencionan explícitamente.

_____ a. Carlos Centeno boxea para ganar un poco de dinero.

_____ b. Carlos Centeno intenta robar la casa de la señora Rebeca.

_____ c. La muerte de Carlos Centeno.

_____ d. El entierro de Carlos Centeno.

_____ e. La señora y la niña llegan al pueblo en tren.

_____ f. La señora y la niña visitan al cura.

_____ g. La señora y la niña van al cementerio.

_____ h. La señora y la niña regresan a su pueblo en el tren de las 3:30.

**B.** En grupos pequeños, contesten estas preguntas.

- ¿Por qué crees que el orden del relato no es estrictamente cronológico?

- ¿Por qué el autor no incluye eventos que podrían parecer importantes?

### 4 Discusión En grupos de tres, contesten estas preguntas.

1. "Si tienes ganas de hacer algo, hazlo ahora [...] Después, aunque te estés muriendo de sed no tomes agua en ninguna parte. Sobre todo, no vayas a llorar". ¿Por qué le dice esto la señora a la niña? ¿Qué nos dicen estas palabras sobre su carácter?

2. García Márquez declaró en una entrevista que "toda buena novela es totalmente inconformista y tiene [...] una función subversiva, así sea involuntaria". ¿Crees que este cuento también es subversivo? ¿Por qué?

3. ¿Qué sentimientos despierta en ti el relato? ¿Crees que la intención de García Márquez es despertar ciertos sentimientos en el lector o simplemente describir un incidente lo más detalladamente posible?

4. Ernest Hemingway, un escritor muy admirado por García Márquez, dijo que un cuento debe ser como un iceberg: "La dignidad de movimientos de un iceberg se debe a que solamente un octavo de su masa aparece sobre el agua". Esta teoría sugiere que en un cuento las cosas más importantes no deben ser mencionadas abiertamente. ¿Crees que este cuento sigue este modelo? ¿Qué ha sumergido García Márquez bajo la superficie del relato?

### 5 Composición Elige uno de estos temas y escribe un párrafo imitando el estilo de *La siesta del martes*. Utiliza las preguntas sugeridas y otras que se te ocurran para imaginar la escena como si estuvieras presente.

1. El entierro de Carlos Centeno. ¿A qué hora del día ocurre? ¿Quién está presente? ¿Cómo son el ataúd y la tumba?

2. La visita de la señora y la niña al cementerio. ¿Cómo es el cementerio? ¿Qué dicen o hacen la señora y la niña cuando encuentran la tumba?

3. La niña es ahora una señora mayor. Mientras intenta dormir la siesta un martes, recuerda esa tarde en que fue a visitar la tumba de su hermano. ¿Qué detalles le vienen a la memoria? ¿Cómo entiende la experiencia que tuvo de niña?

# TALLER DE LENGUA

## Léxico

**2.1** ## Ampliar el vocabulario: **ser, estar, haber, hacer, ir y venir**

- Es común que un estudiante de español recurra constantemente a los verbos más básicos. Por ejemplo, puede repetir el verbo **estar** en casos en los que en inglés usaría *to be, to stay, to feel, to find oneself*, etc.

  *I feel tired.* → **Estoy** cansado.          *I stayed home.* → **Estuve** en casa.

- En estos ejemplos extraídos de *La siesta del martes*, se podría haber usado el verbo **ir**. Sin embargo, García Márquez usa expresiones y verbos diferentes.

  **Viajaba** con la columna vertebral firmemente...

  La niña [...] **se dirigió** a la baranda arrastrando los zapatos...

  Luego le quitó el ramo de flores a la niña y **empezó a moverse** hacia la puerta.

- Observa la lista de verbos y expresiones que puedes usar en lugar de algunos de los verbos más comunes. En algunos casos, se trata de sinónimos. En otros casos, son palabras y expresiones que destacan matices diferentes.

| Verbo | Concepto | Verbos y expresiones | Modelos |
|---|---|---|---|
| **ser** | característica, cualidad | mantenerse | María **se mantiene** muy activa. |
| | | parecer | El libro **parece** interesante. |
| | | resultar | El trabajo **me resultó** difícil. |
| | material | estar hecho/a | La estatua **está hecha** de madera. |
| | expresar acontecimientos | hacerse, realizarse | La fiesta **se hizo/realizó** en mi casa. |
| | | tener lugar | ¿Dónde **tendrá lugar** la reunión? |
| | origen | provenir | El cacao **proviene** de América. |
| **estar** | ubicación | encontrarse | La casa **se encuentra** en las afueras de la ciudad. |
| | | hallarse | En el sótano **se hallaban** varias cajas. |
| | | permanecer | **Permaneció** allí durante cinco horas. |
| | | quedar | La tienda **queda** en la otra esquina. |
| | estado, sentimiento | encontrarse | Marcela **se encontraba** muy enferma. |
| | | lucir | El perrito también **lucía** triste. |
| | | parecer | Juan **parecía** muy cansado. |
| | | sentirse | **Me siento** un poco agobiado. |
| **haber** | existencia | producirse | **Se produjo** de repente un gran bullicio. |
| | | surgir | Después del discurso, **surgieron** muchas dudas. |
| | | suceder | **Sucedieron** cosas muy extrañas. |
| | | tener lugar | Aquí **tuvo lugar** una violenta protesta. |
| **hacer(se)** | producción, realización, acontecimiento | llevar(se) a cabo | Los sindicalistas **llevaron a cabo** una protesta. |
| | | realizar(se) | Los familiares **realizaron** una ceremonia en su honor. |
| | consecuencia | convertir(se) | La tarea **se convirtió** en algo imposible. |
| | | causar | Los gritos **causaron** mucho revuelo. |
| | | producir | La caída **produjo** un fuerte estruendo. |
| | | provocar | La noticia **provocó** llanto entre las mujeres. |

| Verbo | Concepto | Verbos y expresiones | Modelos |
|---|---|---|---|
| ir(se)/ venir | movimiento, dirección | acercarse | El abogado **se acercó** al acusado. |
| | | alejarse | Cuando le hablé, enseguida **se alejó**. |
| | | avanzar | Los soldados **avanzaron** hacia el frente. |
| | | dirigirse | Juan **se dirigió** a la puerta. |
| | | emprender la marcha | Los soldados **emprendieron la marcha** a las seis. |
| | | provenir | Los ruidos **provenían** del sótano. |
| | | regresar | El presidente **regresó** a su despacho. |
| | participación | asistir | Los estudiantes no **asistieron** a clase. |

# Práctica

1 Completa el párrafo sustituyendo los verbos entre paréntesis con la forma correcta de los verbos y expresiones de la lista.

| | | | |
|---|---|---|---|
| acercarse | dirigirse | parecer | sentirse |
| asistir | encontrarse | provenir | tener lugar |

La fiesta (1)_____ (se hizo) en el rancho de mis abuelos. Mientras todos cenaban, (2)_____ (fui) a la cocina para llamar a mi prima Marcela. (3)_____ (Estaba) preocupado porque ella (4)_____ (estaba) muy triste la última vez que la vi. Marcela no había podido (5)_____ (venir) a la fiesta porque dijo que tenía que estudiar. Cuando (6)_____ (estaba) a punto de marcar su número, escuché unos ruidos que (7)_____ (venían) de la ventana. (8)_____ (Fui) a la ventana y de repente...

2 Reescribe dos veces cada una de estas oraciones.

La casa estaba en una colina y era muy vieja.
*La casa se encontraba en una colina y parecía muy vieja.*
*La casa estaba ubicada en una colina y lucía muy vieja.*

1. Hubo un ruido muy extraño y todos fueron al patio.

2. La estatua era de madera y estaba quemada.

3. Mario estaba muy cansado, pero igualmente fue a la fiesta.

3 En parejas, escriban la continuación de la historia de la **Actividad 1** usando al menos cinco de los verbos de la lista.

| | | | | | |
|---|---|---|---|---|---|
| acercarse | hacerse | provocar | regresar | sentirse | surgir |
| causar | hallarse | quedar | resultar | suceder | tener lugar |

4 Con la ayuda de un diccionario, indica a qué categoría pertenecen estos verbos. Luego, escribe un párrafo usando cuatro de los verbos.

| categorías | | verbos | | |
|---|---|---|---|---|
| ser | hacer(se) | acontecer | elaborar | radicarse |
| estar | ir | alojarse | emprender el rumbo | volver |
| haber | venir | consistir en | encaminarse | yacer |

## ESTRATEGIA

Al consultar un diccionario, debes tener cuidado de verificar los distintos matices y sutilezas asociados con distintas palabras. Presta atención a la información adicional y a los ejemplos. Observa esta definición de un diccionario bilingüe. ¿Qué verbo elegirías en español para decir *They made a movie*?

**make**
  **1** (*un cambio, una llamada*) hacer
  **2** (*un café, una comida*) hacer, preparar
  **3** (*coches, productos*) fabricar [**from,** de]: **it's made from steel**, es de acero
[…]
  **9** (*un error*) cometer
  **10** (*un pago*) efectuar
  **11** (*una película*) rodar

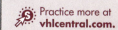
Practice more at **vhlcentral.com.**

# Léxico

## 2.2 Expresiones de tiempo

- En español existen varias formas de expresar información acerca del tiempo o el momento en que se realiza una acción:

  1. *Usando adverbios*: **Mañana** saldremos de excursión.
  2. *Usando frases adverbiales*: Nuestro experto lo llamará **el viernes por la tarde**.
  3. *Usando conjunciones para introducir cláusulas adverbiales*: Por favor, llámame **tan pronto (como)** llegues a casa.

- Los adverbios de tiempo añaden información circunstancial a la oración, explicando cuándo se desarrolla la acción. Esta es una lista parcial de algunos adverbios de tiempo.

| | | |
|---|---|---|
| **ahora** *now* | **frecuentemente** *frequently* | **posteriormente** *later* |
| **anoche** *last night* | **hoy** *today* | **primeramente** *first* |
| **antes** *before* | **inicialmente** *initially* | **pronto** *soon* |
| **asiduamente** *often* | **inmediatamente** *immediately* | **recientemente** *recently* |
| **aún** *still* | **jamás** *never* | **repentinamente** *all of a sudden* |
| **ayer** *yesterday* | **luego** *after* | **siempre** *always* |
| **constantemente** *constantly* | **mañana** *tomorrow* | **tarde** *late* |
| **después** *after* | **mientras** *while* | **temprano** *early* |
| **entretanto** *meanwhile* | **nunca** *never* | **todavía** *still* |
| **finalmente** *finally* | **ocasionalmente** *occasionally* | **ya** *already* |

- También existen multitud de frases y expresiones que se utilizan como adverbios de tiempo.

  **Por aquel entonces**, Eduardo vivía en Londres.

  **Hace un año** que estudio español.

  Visito a mis abuelos **todos los meses**.

  **De vez en cuando**, salimos a caminar por el parque.

- Las conjunciones de tiempo introducen cláusulas adverbiales que hacen referencia al tiempo en que se desarrolla la acción principal. Recuerda que las conjunciones deben estar seguidas de un verbo conjugado. En algunos casos, debes usar el subjuntivo. Ver **pp. 116–119**.

| | |
|---|---|
| **antes (de) que** *before* | **en el momento que** *at the moment when* |
| **apenas** *as soon as* | **hasta que** *until* |
| **cuando** *when* | **mientras** *while* |
| **después (de) que** *after* | **siempre que** *every time* |
| **en cuanto** *as soon as* | **tan pronto (como)** *as soon as* |

**Después de que** recibí la noticia, llamé a mi madre.
Visito la tumba de mi abuelo **siempre que** puedo.

¡ATENCIÓN!

Algunos adverbios y frases adverbiales de tiempo expresan la frecuencia con que se realiza la acción principal de la oración: **siempre, constantemente, casi siempre, (muy) frecuentemente, con frecuencia, a menudo, regularmente, normalmente, a veces, de vez en cuando, ocasionalmente, rara vez, casi nunca, nunca, jamás.**

¡ATENCIÓN!

Puedes usar preposiciones para formar frases preposicionales que funcionan como adverbios de tiempo. Recuerda que las preposiciones van seguidas de un sustantivo o un infinitivo.

**antes de** ir
**desde** mayo
**después de** comer
**hasta** hoy

# Práctica

**1** Completa las oraciones seleccionando una expresión de tiempo.

1. Felipe me llamó _____ llegó a casa. (después/tan pronto como)

2. Te compraré una motocicleta _____ apruebes el examen.
   (en cuanto/hasta que)

3. Azucena viajará a España _____ tenga el dinero suficiente.
   (hasta que/tan pronto como)

4. Felipe quiere esperar _____ se gradúe para casarse.
   (hasta que/cuando)

5. Voy a tener más dinero _____ mi jefe me aumente el sueldo.
   (antes de/en cuanto)

6. Cuando escribes un cheque _____ debes escribir la cantidad
   exacta. (mientras/siempre)

7. Cuando era niña, _____ pasaba días enteros leyendo.
   (a menudo/antes de que)

8. Mi familia visita a mi abuela todos los domingos y ella viene a mi casa
   _____. (ya/de vez en cuando)

**2** Une cada par de oraciones con una expresión de tiempo adecuada de la lista.

| antes de que | después de que | mientras |
|---|---|---|
| apenas | en cuanto | siempre que |
| cuando | hasta que | tan pronto como |

1. Cada día, los clientes hacen cola. / El cajero llega al trabajo.

2. Las aves migratorias vuelan hacia el sur. / Se acerca el invierno.

3. Los agricultores comienzan el día de trabajo. / Sale el sol.

4. Eva toca el clarinete. / Eduardo escucha atentamente.

5. El ayuntamiento cierra la piscina. / Las clases empiezan en septiembre.

**3** Completa esta narración con las expresiones de tiempo adecuadas.

(1)_____ llegamos a la cabaña, nos dimos cuenta de que
habíamos olvidado la llave. Sin pensarlo dos veces, y (2)_____
se hiciera de noche, nos metimos en la camioneta y buscamos el hotel
más cercano para pasar la noche.

Salimos del hotel (3)_____ desayunar e (4)_____
llamamos a un cerrajero (*locksmith*). El cerrajero cambió la cerradura
(5)_____ nosotros revisábamos los alrededores de la cabaña.
(6)_____ aquel día, (7)_____ que salgo de casa, hago una
lista de todo lo que necesito llevar cuando viajo.

**4** Escribe un párrafo sobre una anécdota divertida o inusual. Usa al menos
ocho expresiones de tiempo de la lista.

| anoche | después de | en cuanto | hasta que | rara vez |
|---|---|---|---|---|
| constantemente | después de que | en el momento que | jamás | tan pronto como |
| cuando | el año pasado | frecuentemente | mientras | temprano |

# Estructuras

## 2.3 Narrating in the past

- Spanish uses several tenses to describe past events, as seen in these examples from *La siesta del martes*.

**pretérito perfecto simple**                    **pretérito imperfecto**

Cuando **volvió** al asiento la madre le **esperaba** para comer.

**pretérito perfecto simple**

**Se levantó, buscó** a tientas en el ropero un revólver arcaico que nadie
**había disparado** desde los tiempos del coronel Aureliano Buendía, y **fue** a la sala.

**pretérito pluscuamperfecto**                               **pretérito perfecto simple**

### The preterite and the imperfect

- The preterite (**pretérito perfecto simple** or **pretérito indefinido**) and the imperfect (**pretérito imperfecto**) express different aspects of past actions and states. This chart summarizes their uses.

| Uses of the preterite | |
|---|---|
| to refer to actions viewed as completed | —Es el ladrón que **mataron** aquí la semana pasada —**dijo** la mujer en el mismo tono. |
| to indicate the beginning or end of a state or action | Cuando la niña **acabó** de peinarse el tren **pasó** frente a las primeras casas de un pueblo más grande pero más triste que los anteriores. |
| to refer to a change in state | ...el aire **se hizo** húmedo y no **se volvió a sentir** la brisa del mar. |
| to narrate a series of events | **Agarró** el arma con las dos manos, **cerró** los ojos y **apretó** el gatillo. |

| Uses of the imperfect | |
|---|---|
| to express habitual actions in the past | Los almacenes, las oficinas públicas, la escuela municipal, **se cerraban** desde las once y no **volvían** a abrirse hasta un poco antes de las cuatro, cuando **pasaba** el tren de regreso. |
| to refer to actions or states that were ongoing, incomplete, or in progress in the past | El pueblo **flotaba** en calor. La niña tenía doce años y **era** la primera vez que **viajaba**. Una banda de músicos **tocaba** una pieza alegre bajo el sol aplastante. |
| to refer to a future event from a past point in time | La mujer dijo que **iban** al cementerio. |

- The preterite and imperfect are often used together. The imperfect provides background information, while the preterite narrates events or moves action forward within that background.

  **Eran** los únicos pasajeros en el escueto vagón de tercera clase. Como el humo de la locomotora **siguió** entrando por la ventanilla, la niña **abandonó** el puesto y **puso** en su lugar los únicos objetos que **llevaban**: una bolsa de material plástico con cosas de comer y un ramo de flores envuelto en papel de periódicos.

---

**REPASO**

The four principal tenses that express past events are the preterite, the imperfect, the present perfect, and the past perfect. To review their formation, see **pp. 210–229**.

**¡ATENCIÓN!**

The imperfect also describes what was happening or ongoing when another past action occurred.

Varios pasajeros **dormían** cuando el tren se detuvo en la estación.

- Some common verbs change meaning in the preterite. Note that the meaning may also change depending on whether the statement is affirmative or negative.

| Verb | Preterite | Imperfect |
|---|---|---|
| tener | *to get; to receive*<br>El padre **tuvo** una visita inesperada: la madre y su hija. | *to have*<br>La hija **tenía** dificultades para abrir la persiana. |
| saber | *to find out; to discover*<br>**Supieron** que Carlos se murió el lunes. | *to know*<br>El padre no **sabía** quiénes eran. |
| querer | *to try (without necessarily succeeding)*<br>La mujer **quiso** visitar el cementerio donde estaba enterrado su hijo. | *to want*<br>La gente del pueblo se asomaba a la ventana porque **quería** ver qué sucedía. |
| no querer | *to refuse*<br>La mujer **no quiso** irse de la casa del padre sin verlo. | *not to want*<br>El ama de casa **no quería** despertar al padre. |
| conocer | *to meet*<br>Cuando el padre **conoció** a la mujer, se quedó muy sorprendido. | *to know about, to be familiar with*<br>Nadie **conocía** a Carlos en ese pueblo. |
| poder | *to manage to do; to succeed in doing*<br>La mujer **pudo** convencer al ama de casa de que fuera a buscar al padre. | *to be able to; to have the ability*<br>En la distancia, **se podía** escuchar la música que tocaba la banda. |
| no poder | *to be unable to (and not do)*<br>La chica **no pudo** abrir la ventana del vagón. | *to be unable to (in a general sense)*<br>**No se podía** respirar en el vagón a causa del calor. |

- Since the preterite and imperfect focus on different aspects of the past (finished/complete vs. incomplete/ongoing), different sets of conjunctions and adverbial expressions are commonly used with each tense.

| Expressions with the preterite | Expressions with the imperfect |
|---|---|
| **anoche** *last night*<br>**ayer** *yesterday*<br>**de repente** *suddenly*<br>**entonces** *then*<br>**finalmente** *finally*<br>**inmediatamente** *immediately*<br>**primero** *first*<br>**una vez** *once, one time*<br>**el verano/mes/año pasado** *last summer/month/year* | **a medida que** *as*<br>**a veces** *sometimes*<br>**con frecuencia** *frequently*<br>**en aquel entonces** *back then*<br>**mientras** *while*<br>**muchas veces** *often*<br>**(casi) nunca** *(almost) never*<br>**(casi) siempre** *(almost) always*<br>**todos los días/meses/años** *every day/month/year* |

**¡ATENCIÓN!**

Like the simple imperfect, the continuous imperfect relates actions that were in progress at the time in question.

Todos **estaban durmiendo** cuando llegaron al pueblo.

### The present perfect vs. the preterite

- The present perfect (**pretérito perfecto compuesto**) describes past events with respect to the present moment.

  > Todavía no **han llegado** al pueblo. (*but they will soon*)
  >
  > Muchas personas **han ido** a la casa del padre para verlas. (*and they are still there*)

- The preterite, in contrast, describes events firmly rooted in the past.

  > Finalmente **llegaron** al pueblo. (*they arrived; it's over*)
  >
  > Muchas personas **fueron** a la casa del padre ese día. (*that day is done*)

- The present perfect is often used with adverbs such as **esta semana, hoy, todavía, ya, alguna vez (dos veces, tres veces), nunca,** and **siempre.**

  > **Ya he leído** tres novelas de Gabriel García Márquez. (*up to now*)
  >
  > **¿Has ido** alguna vez a Colombia? (*ever in your life, until now*)

### The preterite and the past perfect

- The past perfect (**pretérito pluscuamperfecto**) refers to actions that took place before another past event.

  > Cuando la madre y su hija llegaron al pueblo, ya **habían enterrado** a Carlos.

- With the preterite, the past perfect relates the sequence of past events, clarifying that one event (past perfect) took place prior to the other (preterite).

  > Cuando la niña **volvió** a su asiento, **vio** que su madre ya **había sacado** el almuerzo.

- The past perfect can also be used on its own. In such cases, however, the subsequent past actions are generally implied by the context or explained later.

  > Todo **había empezado** el lunes de la semana anterior, a las tres de la madrugada y a pocas cuadras de allí. (*This statement is followed by a series of events that took place after last Monday.*)

# Práctica ....................................................

**1** Elige la opción correcta para completar cada oración.

1. García Márquez (publicó/ha publicado) este cuento en 1962.

2. García Márquez (ha estudiado/había estudiado) derecho antes de convertirse en escritor.

3. Mientras (vivía/había vivido) en Europa, escribió guiones.

4. García Márquez (recibió/había recibido) el Premio Nobel de Literatura en 1982.

5. Ayer (compraba/compré) *Cien años de soledad*, pero no (he comenzado/había comenzado) a leerlo.

6. Ya lo (compré/había comprado) el año pasado, pero lo (perdí/he perdido) cuando me mudé el mes pasado.

**2** Primero completa cada pregunta sobre el cuento con la forma correcta del verbo entre paréntesis. Utiliza los tiempos del pasado. Después, en parejas, contesten las preguntas prestando atención a los tiempos verbales.

1. ¿Qué tiempo _hacía_ (hacer)?

2. ¿Cómo _era_ (ser) la mujer? ¿Y su hija?

3. ¿Qué _llevaba_ (llevar) la niña en el tren? ¿Para quién o para qué _eran_ (ser) las flores?

4. ¿Qué _comieron_ (comer) ellas en el tren?

5. Antes de llegar al pueblo, ¿qué le _dijo_ (decir) la madre a su hija?

6. ¿Qué _hizo_ (hacer) la madre y su hija al bajarse del tren?

7. ¿Por qué no _vio_ (ver) a nadie al caminar por el pueblo?

8. ¿Adónde _fueron iban_ (ir) ellas? ¿Por qué?

9. ¿Qué tumba _fueron_ (ir) a visitar?

10. ¿Qué _sucedió_ (suceder) en el pueblo antes de la llegada de la mujer y la niña?

11. Según la madre, ¿quién y cómo _era_ (ser) Carlos Centeno?

12. ¿Quiénes _se reunieron_ (reunirse) cerca de la casa del padre? ¿Por qué?

**3** Combina elementos de los dos grupos para formar oraciones basadas en el cuento. Incluye dos verbos con dos tiempos verbales distintos en cada oración y añade los detalles necesarios.

Modelo    *Como la señora Rebeca no sabía quién forzaba la puerta de su casa, tuvo mucho miedo y buscó el revólver.*

| | | | |
|---|---|---|---|
| la mujer | buscar | encontrar | pedir | ser |
| la niña | decidir | estar | (no) querer | (no) tener |
| el padre | decir | ir | robar | ver |
| la hermana del padre | dormir | morir | saber | viajar |
| la señora Rebeca | | | | |
| Carlos Centeno Ayala | | | | |
| la gente del pueblo | | | | |

**4** *La siesta del martes* trata de un viaje extraordinario. Ahora te toca escribir sobre tu propio viaje extraordinario. Escribe un relato sobre un viaje que hayas hecho en el que sucedieron cosas inesperadas. Tu relato debe incluir una variedad de tiempos verbales en el pasado. Utiliza estos puntos como guía.

- adónde fuiste, cuándo, con quiénes y por qué
- de dónde vino la idea de hacer este viaje
- cómo eran el lugar y tus compañeros de viaje
- qué sucedió, cómo te sentiste y qué dijiste
- qué habías pensado antes del viaje y cómo te cambió la experiencia
- qué otros viajes has hecho desde aquel entonces

# Estructuras

## 2.4 Adjectival relative clauses

- Adjectival relative clauses are subordinate clauses that function like adjectives in that they modify a noun or pronoun in the main clause. They are introduced by relative pronouns (**pronombres relativos**) or relative adverbs (**adverbios relativos**). The noun or pronoun they refer to in the main clause is called an *antecedent*.

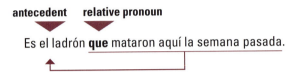

    antecedent    relative pronoun

Es el ladrón **que** mataron aquí la semana pasada.

- Adjectival relative clauses can be *non-defining* (**explicativas**) or *defining* (**especificativas**). Non-defining relative clauses provide additional information about the antecedent and are placed between commas. Defining relative clauses identify the antecedent within a group and are not separated by commas.

  **Non-defining**
  Desde la casa, **que queda en la cima de la colina**, se ve el cementerio.
  (*The clause adds information about the house.*)

  **Defining**
  Desde la casa **que queda en la cima de la colina** se ve el cementerio.
  (*The clause identifies one house in a group of houses.*)

- Use relative clauses to avoid repetitions and to create a smoother, more descriptive sentence.

  Es el ladrón. Mataron al ladrón aquí la semana pasada.

    main clause        relative clause

  Es el ladrón que mataron aquí la semana pasada.

| Relative pronouns | English | Usage |
|---|---|---|
| **(lo) que** | *that, which, who, whom* | • it is the most common relative pronoun<br>• refers to both people and objects<br>• it is the only relative pronoun that can be used without a preposition in defining relative clauses |
| **quien(es)** | *who, whom* | • refers to a person or people<br>• agrees in number with its antecedent<br>• can be used in defining relative clauses only if a preposition is present |
| **el/la/lo que, los/las que** | *that, which, who, whom* | • use instead of **que** or **quien**<br>• can be used in defining relative clauses only if a preposition is present |
| **el/la cual, los/las cuales** | *that, which, who, whom* | • follows the same rules as **el/la que, los/las que**, but it is used more in writing or formal speech |
| **cuyo/a(s)** | *whose* | • refers to people or things<br>• it is always used together with a noun<br>• agrees in gender and number with the person or thing it references |

- After the prepositions **a, de, en,** and **con,** use **que** or **el/la que, los/las que, el/la cual,** or **los/las cuales** when the antecedent is not a person. Use **quien(es)** or *article* + **que/cual** when the antecedent is a person.

  La casa **en (la) que** vivo tiene tres pisos.

  La casa **en la cual** vivo tiene tres pisos.

  La mujer **con quien** hablé es de Cali.

  La mujer **con la que/cual** hablé es de Cali.

- After all other prepositions, **que** must be used with a definite article.

  Tengo un examen **para el que** tengo que estudiar mucho.

  La casa **sobre la que** te hablé sigue disponible.

- The preposition can be omitted when it matches the one used before the antecedent.

  **En** la casa **en la que** vivo hay fantasmas.

  En la casa **que** vivo hay fantasmas.

  Fui **hacia** el lugar **hacia el que** iban todos.

  Fui hacia el lugar **que** iban todos.

- All relative pronouns can be used in non-defining relative clauses. Defining relative clauses can not be introduced by **el/la que/cual** or **los/las que/cuales,** unless a preposition is used.

  Mis padres, **que/quienes** murieron en el ochenta y cinco, también están en ese cementerio.

  Tengo un hermano **que** vive en El Salvador.

  Compré una casa **cuya** dueña anterior ahora vive en París.

  Tengo un primo **con quien/el que** me llevo muy bien.

  Fui a la biblioteca, **la cual** se encuentra junto al banco.

- In English, relative pronouns can sometimes be omitted. In Spanish, relative pronouns are always required.

  ¿Me prestas el libro que compraste?
  *Can I borrow the book (that) you bought?*

  Estrenan mañana la película sobre la que te hablé.
  *Tomorrow they release the movie (that) I talked to you about.*

- The relative adverbs **donde, cuando,** and **como** can replace **en que** or **en** + *article* + **que/cual. Como** is not very frequently used in this case.

  El cementerio **donde** está enterrado queda lejos.

  El momento **cuando** te vi, supe quién eras.

  No me gusta la manera **como** te vistes.

  El cementerio **en el que/cual** está enterrado queda lejos.

  El momento **en el que** te vi, supe quién eras.

  No me gusta la manera **en que** te vistes.

# Práctica ..................................................

**1** Completa las oraciones con el pronombre relativo o el adverbio relativo correcto.

1. Pablo Neruda fue un poeta chileno _____ ganó el Premio Nobel de Literatura en 1971.

2. Fue un escritor a _____ le interesaba la política.

3. Mientras estaba en Barcelona como cónsul chileno, conoció a Rafael Alberti y a Federico García Lorca, con _____ participó en un círculo literario.

4. En el momento _____ finalizó la Guerra Civil Española, ayudó a muchos españoles a exiliarse en Chile.

5. Neruda tuvo que exiliarse de Chile y vivió en diversos países europeos, _____ siguió escribiendo su poesía.

6. El *Canto General*, _____ versos reflejan un compromiso social con toda América Latina, es una de sus obras más conocidas.

**2** Empareja los elementos para formar oraciones completas.

1. El libro ____

2. El abogado con ____

3. El autobús en ____

4. Mis tíos ____

5. La familia con ____

a. quien trabajé durante diez años se jubila este mes.

b. el que viajamos a Honduras era muy cómodo.

c. que me prestaste el mes pasado me gustó mucho.

d. la cual viví en Buenos Aires era muy bohemia.

e. cuyos hijos viven en Madrid vienen a almorzar mañana.

**3** Reescribe este párrafo agregando cláusulas relativas explicativas y especificativas a los sustantivos subrayados.

Modelo   En el medio de las montañas, queda el pueblo.
*En el medio de las montañas, queda el pueblo en el cual vive la familia González.*

En el medio de las montañas, queda el pueblo. El pueblo es atravesado por un río. Allí se ubica la casa. La familia tiene cinco hijos. Los lunes, todos bajan a la ciudad. Algunos trabajan en la fábrica. Las dos niñas más pequeñas van a la escuela.

**4** Combina las oraciones en el siguiente párrafo utilizando pronombres y adverbios relativos. Puedes agregar detalles adicionales a cada oración.

El semestre que viene iré a estudiar a Cusco. Cusco es una ciudad con muchos sitios arqueológicos. Viviré en una pensión con otros estudiantes. Los estudiantes vienen de Europa, Sudamérica y los Estados Unidos. Haré algunas visitas turísticas a pueblos cercanos. Los pueblos tienen ruinas y mercados típicos. Me recomendaron probar la comida local. Los platos típicos de la comida local son los pimientos rellenos y el maíz con queso.

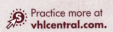

# Ortografía y puntuación

## Acentuación II: Casos especiales

- Además de las reglas básicas de acentuación presentadas en **1.6 (p. 19)**, existen ciertos casos especiales en los que utilizamos el acento (o tilde) para diferenciar palabras que se escriben y pronuncian igual, pero que tienen distinto significado (**homónimos**). Este tipo de acento se llama **acento diacrítico**.

A **mí** no me gusta.

(**mí** = pronombre personal)

Aquel es **mi** coche.

(**mi** = adjetivo posesivo)

Do, re, **mi**, fa, sol, la, si.

(**mi** = nota musical)

Yo le decía que nunca robara nada que le hiciera falta a alguien para comer, y **él** me hacía caso.

(él = pronombre personal)

**El** padre examinó la calle distorsionada por la reverberación, y entonces comprendió.

(el = artículo definido)

| Acento diacrítico | | |
|---|---|---|
| aun<br>aún | adverbio de concesión (=**incluso**) | **Aun** cuando hace calor uso chaqueta. |
| | adverbio de tiempo (=**todavía**) | **Aún** no hemos llegado. |
| de<br>dé | preposición | Una mesa **de** madera. |
| | verbo | Espero que me **dé** la mano. |
| el<br>él | artículo definido | Devuélveme **el** libro que te presté. |
| | pronombre personal | Saldré en cuanto **él** me llame. |
| mas<br>más | conjunción | Quise tranquilizarla, **mas** no fue posible. |
| | adverbio | Necesito **más** tiempo. |
| mi<br>mí | adjetivo posesivo | ¿Por qué no me esperas en **mi** casa? |
| | pronombre personal | Esta carta es para **mí**. |
| se<br>sé | pronombre personal | **Se** bebió toda el agua. |
| | verbo (**saber, ser**) | No **sé** qué decir. / **Sé** amable con ellos. |
| si<br>sí | conjunción | **Si** hace frío, necesitaremos el abrigo. |
| | adverbio/<br>pronombre personal | Dile que **sí**. /<br>Siempre habla de **sí** misma. |
| te<br>té | pronombre personal | **Te** lo he dicho mil veces: no llegues tarde. |
| | sustantivo | ¿Te apetece un **té**? |
| tu<br>tú | adjetivo posesivo | ¿Dónde has puesto **tu** corbata? |
| | pronombre personal | **Tú** nunca dices mentiras. |

**¡ATENCIÓN!**

Como regla general, las palabras monosílabas (consistentes de una sola sílaba) no llevan tilde (**bien, mal, no, gris, sol, pie**). En algunas obras literarias antiguas podemos encontrar palabras monosílabas acentuadas que no siguen las reglas de acentuación de monosílabos.

- Los pronombres, adjetivos y adverbios que tienen un sentido interrogativo o exclamativo llevan acento diacrítico. Este tipo de palabras pueden estar en oraciones interrogativas o exclamativas indirectas. Por consiguiente, pueden aparecer en oraciones sin signos de interrogación (¿?) o exclamación (¡!).

Cuando llegaron, me preguntaron **qué** estaba haciendo.

Todos sabemos **cuántas** calamidades ha sufrido.

Desconocemos **cuál** es el motivo.

Desde el primer día me explicaron **cómo** querían que hiciera mi trabajo.

**¡ATENCIÓN!**

Algunas palabras pueden perder o ganar una tilde al pasar de su forma singular a su forma plural o al añadir pronombres o sufijos. Simplemente debemos aplicar las reglas de acentuación básicas para saber si llevan o no llevan tilde.

canción ➝ canciones

camión ➝ camiones

acción ➝ acciones

tirolés ➝ tiroleses

dame ➝ dámelo

cabeza ➝ cabezón

- Los pronombres y adverbios relativos siguen las reglas de acentuación generales; es decir, no llevan tilde porque son monosílabos o palabras llanas terminadas en **s** o vocal.

> El libro **que** te presté es muy interesante.

> Son pocas las personas en **quienes** confío.

- Los adverbios terminados en -**mente** se acentúan igual que el adjetivo a partir del cual están formados. Si el adjetivo lleva tilde, entonces el adverbio también la lleva. Si el adjetivo no lleva tilde, el adverbio se considera una palabra llana terminada en vocal; por lo tanto, no lleva tilde.

> rápida ➝ rápidamente
>
> lenta ➝ lentamente

> enfática ➝ enfáticamente
>
> feliz ➝ felizmente

- En algunas palabras, la sílaba acentuada cambia al formar el plural.

> carácter ➝ caracteres

- Los demostrativos **este, ese, aquel, esta, esa, aquella** y sus variantes en plural solían acentuarse cuando funcionaban como pronombres. Igualmente, a la palabra **solo** se le ponía tilde cuando equivalía a **solamente**. Según las reglas actuales, estas palabras nunca necesitan tilde, ni siquiera en caso de ambigüedad. En estos casos, se recomienda evitar usos que provoquen ambigüedad y usar otras estructuras.

> Me dijo que **ésta** mañana se irá.
> (ésta = la persona que se irá mañana; en este caso es mejor usar **ella**.)

> Me dijo que **esta** mañana se irá.
> (esta = determina al sustantivo *mañana*)

- Antes se escribía con tilde la conjunción **o** cuando aparecía entre dos números a fin de evitar confundirla con el número 0, pero esta regla también está en desuso.

> 3 **o** 4 personas

> en 1991 **o** al año siguiente

# Práctica

**1** Completa las oraciones con la palabra adecuada.

1. Antes de arreglar el jardín, consulta con _____ (el/él).

2. _____ (Esta/Ésta) novela es muy interesante.

3. Creo que _____ (tu/tú) madre quiere verte.

4. Confía en _____ (mi/mí).

5. Confía en _____ (mi/mí) experiencia.

6. ¿Quieres que tomemos un _____ (te/té)?

7. No _____ (te/té) lo tomes tan en serio.

8. No quiero estar _____ (solo/sólo).

9. Necesito nueve dólares _____ (mas/más).

10. _____ (Sí/Si) te cuento lo que pasó, debes guardar el secreto.

11. Cuando le dijo que _____ (sí/si), se echó a llorar.

12. En cuanto me _____ (de/dé) permiso, me tomaré unas vacaciones _____ (de/dé) dos semanas.

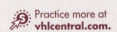

# Ortografía y puntuación

**2.6** **Puntuación II**

- El uso de los signos de puntuación presentados en **1.7 (p. 20)** es muy parecido en español y en inglés. Sin embargo, algunos signos de puntuación se comportan de forma diferente en cada idioma.

- En español, siempre debemos colocar la puntuación correspondiente a la misma oración detrás de las comillas y del paréntesis de cierre. Sin embargo en inglés, el punto siempre se coloca delante de las comillas y del paréntesis.

  Y a continuación Eva dijo: "no quiero que me llames nunca más".
  (Seguramente estaba muy enfadada).

  *And then Eva said: "I don't want you to call me ever again.*"
  *(She was probably very upset.*)

## La raya

| Usos | Ejemplos |
|---|---|
| Para aislar aclaraciones que interrumpen en el discurso de una oración. | Emilio —gran amigo mío— viene a visitarme siempre que tiene ocasión. |
| Para indicar cada intervención en un diálogo, sin escribir el nombre de la persona que habla. | —¿Cuánta gente crees que lo sabrá?<br>—No tengo ni idea. |
| Para introducir o aislar los comentarios del narrador sobre las intervenciones de los personajes de un diálogo. Si la oración continúa después del comentario del narrador, es necesario utilizar una raya de cierre al final del comentario. | —Espero que no sea grave —dijo Ramón con gesto preocupado— porque no me apetece tener que volver al hospital. |
| Para indicar la omisión de una palabra que se repite varias veces en una lista. | Adjetivos demostrativos<br>— posesivos<br>— calificativos<br>— explicativos<br>— interrogativos |

- La raya de apertura va separada por un espacio de la palabra que la antecede, y pegada (sin espacios) a la primera palabra del texto que interrumpe la oración. La raya de cierre va pegada a la palabra que la precede y separada por un espacio de la palabra que sigue.

  Entró **—era el hombre más grande que había visto—** y se sentó en la barra del bar.

## Las comillas

- En español hay tres tipos diferentes de comillas: las comillas angulares (« »), las comillas inglesas (" ") y las comillas simples (' '). Generalmente, puede utilizarse cada tipo de comillas de forma indistinta. Sin embargo, se alternan cuando se utilizan las comillas en un texto ya entrecomillado. El punto va siempre colocado detrás de las comillas.

  Al acabarse las bebidas, Ana comentó «menudo "problemita" tenemos ahora».

  Cuando llegó Raúl con su motocicleta, Ricardo me dijo «ni se te ocurra montarte en esa "tartana" oxidada».

● Las comillas se utilizan en los siguientes casos:

| Usos | Ejemplos |
|---|---|
| Para reproducir citas textuales. | El aduanero dijo: "por favor, el pasaporte". |
| Para reproducir el pensamiento de los personajes en textos narrativos. | "Esto pasa hasta en las mejores familias", pensó el padre en silencio. |
| Para indicar que una palabra es inapropiada, vulgar, de otra lengua o utilizada con ironía. | Estaba muy ocupado con sus "asuntos importantes". |
| Para citar títulos de artículos, poemas y obras de arte. | En este museo podemos ver "Las Meninas" de Velázquez. |
| Para comentar una palabra en particular de un texto. | Antes, para referirse a una farmacia, se utilizaba el término "botica". |
| Para aclarar el significado de una palabra. | "Espirar" ('expulsar aire') no es lo mismo que "expirar". |

### Los paréntesis y los corchetes

● Los paréntesis se utilizan para encerrar aclaraciones o información complementaria dentro de una oración. El punto debe colocarse detrás del paréntesis de cierre.

> La tía de Julio (una excelente cocinera) nos preparó una cena inolvidable.
> El año en que nació (1988) es el mismo en que murió su abuela.
> Todos sus amigos viven en Tenerife (España).

● Los corchetes se utilizan de forma similar a los paréntesis, para añadir información complementaria o aclaratoria en una oración que ya va entre paréntesis.

> La última vez que vi a Mario (creo que fue en el verano que nos graduamos [1992]) le dije que me escribiera.

### Los puntos suspensivos

| Usos | Ejemplos |
|---|---|
| Para indicar una pausa transitoria que expresa duda, temor o suspenso. | No sé qué hacer... estoy confundido. |
| Para interrumpir una oración cuyo final ya se conoce. | A caballo regalado... |
| Para insinuar expresiones malsonantes. | Eres un... |
| Con el mismo valor que la palabra **etc.** | Puedes ir a donde quieras: Europa, América, Asia... |
| Para enfatizar y alargar emotivamente una expresión. | Ay... la juventud... divino tesoro. |
| Entre corchetes, para indicar la supresión de un fragmento en una cita. Esta supresión también se llama "elipsis". | "En un lugar de la mancha [...] no ha mucho tiempo que vivía un hidalgo de los de lanza en astillero, adarga antigua, rocín flaco y galgo corredor". |

# Práctica

**1** Reescribe el siguiente diálogo utilizando rayas para diferenciar las intervenciones de cada persona. Intenta reemplazar las palabras entre corchetes con los comentarios del narrador sobre las intervenciones de los personajes utilizando rayas.

> Modelo    Inés: ¡Qué sorpresa! [sorprendida]
>
> —¡Qué sorpresa! —dijo Inés sorprendida.

**Pablo:** Hola, Inés. ¡Cuánto tiempo hace que no nos vemos!

**Inés:**   ¡Qué sorpresa! [sorprendida]
La última vez que nos vimos éramos solamente unos niños.

**Pablo:** Es cierto. No puedo creer que todavía te acuerdes de mí [emocionado].
¿Te apetecería que almorzáramos juntos un día de estos?

**Inés:**   Me encantaría; y así podríamos contarnos todo lo que nos ha pasado
durante estos años.

**Pablo:** Perfecto. ¿Te viene bien el domingo por la tarde?

**Inés:**   No, lo siento. El domingo tengo una fiesta de cumpleaños [apenada].
¿Qué te parece el sábado por la tarde?

**Pablo:** El sábado por la tarde es ideal. ¿A qué hora quedamos?

**Inés:**   A las doce y cuarto en el café Pascual [con tono seguro].

**2** Reescribe las oraciones colocando comillas donde sea preciso.

1. El policía nos preguntó: ¿Tienen ustedes algo que declarar?
2. No comprendo muy bien qué es eso de la movida madrileña.
3. Los delincuentes se escondieron en un bosque.
4. El poema que mejor recuerdo es Canción del jinete.
5. La historia comienza así: Érase una vez un niño muy curioso.
6. Según dice el refrán: A buen entendedor, pocas palabras.
7. Mi profesor siempre me decía: ¿Otro día sin el libro?
8. ¿Todavía no sabe el abecedario?, le preguntó el profesor.

**3** Reescribe las oraciones colocando los paréntesis que faltan.

1. El próximo campeonato mundial de fútbol 2014 será en Brasil.
2. La ONU Organización de Naciones Unidas se fundó en 1945.
3. Creo haberte dicho ya y si no lo digo ahora que quien mucho abarca
poco aprieta.
4. Los seres humanos estamos compuestos en gran parte por agua.
5. La célebre batalla de Vitoria fue perdida por José Bonaparte Pepe Botella.
6. Juan Ramón Jiménez nació en Moguer Huelva.

**4** Elige un párrafo de *La siesta del martes* y acórtalo realizando algunas elipsis. Recuerda que el párrafo acortado debe tener sentido y debe poder leerse correctamente.

# TALLER DE ESCRITURA

## 2A La narración de un evento

Narrar un evento es un acto tan natural que rara vez nos detenemos a pensar en lo que implica. La nota que leemos en el periódico, la novela que llevamos a la playa, la anécdota que le contamos a un amigo son todas narraciones de eventos. Al mismo tiempo, cada narración tiene propósitos y características particulares. En algunos casos la intención es simplemente informarnos de algo que ha ocurrido. En otros, puede ser instruir, divertir o conmover. Todo narrador toma una serie de decisiones (a menudo inconscientes) que determinan la estructura y efectividad del relato. Un periodista suele poner los hechos más importantes al comienzo de su nota, mientras que un escritor de cuentos policiales los pone al final para crear suspenso. Hay mil maneras de contar "lo que pasó", algunas mejores que otras dependiendo de tu objetivo y del tipo de lector que tengas en mente.

Aunque no existe una única fórmula para narrar eventos, hay ciertos elementos básicos que debes tener en cuenta.

| | |
|---|---|
| **Argumento** | El argumento, o la trama, es la serie de sucesos que constituyen la narración. En otras palabras, "lo que ocurre". |
| **Ambiente** | El ambiente es la ubicación temporal y geográfica del relato, o dónde y cuándo ocurre. Estos son datos básicos para orientar al lector y a menudo se mencionan al comienzo de un relato. |
| **Personajes** | Los personajes son los participantes en las acciones del relato. A veces el propósito central de una narración es contar un suceso para comprender el carácter y la personalidad de los personajes. |
| **Descripción** | Más allá de su argumento básico, un relato suele incluir detalles descriptivos sobre el ambiente, los personajes y sus actos. La descripción puede interrumpir el flujo del relato, por lo cual debe ser efectiva, pero económica. |
| **Tono** | El tono de un relato comunica el estado de ánimo del narrador y su actitud ante los sucesos que describe. Como al hablar, al escribir adoptamos distintos tonos (serio, solemne, irónico, burlón, etc.) que comunican un estado emocional al lector. |

Estas categorías te ayudarán a evaluar la mejor manera de presentar tu relato. Teniendo en mente el argumento, por ejemplo, podrás decidir si es mejor que el relato presente los eventos en orden cronológico, o que avance y retroceda en el tiempo (por ejemplo mediante un *flashback*) para crear suspenso e intriga. También sabrás qué incidentes merecen una mayor extensión por ser esenciales y cuáles pueden ser más breves ya que actúan como momentos de transición. De igual manera, podrás evaluar si tu relato describe con suficiente precisión el ambiente y los personajes o si es necesario agregar detalles.

# Modelo

Lee el siguiente relato y presta atención a las decisiones que toma el narrador. ¿En qué orden presenta los eventos? ¿Qué detalles incluye y qué otros podría haber incluido? ¿Qué expresiones emplea para darle una estructura temporal y lógica al relato?

---

### ¡Qué susto!

Este fin de semana mi hermano y yo fuimos de campamento. Salimos temprano por la mañana y manejamos unas horas hasta llegar a la sierra Colorada. Después nos cargamos las mochilas al hombro y subimos por el sendero empinado que lleva al campamento. Como solo íbamos a estar una noche, las mochilas no eran muy pesadas y la caminata resultó muy agradable. A eso de las cuatro llegamos y montamos la tienda de campaña. Éramos los únicos. La vista era espectacular, y cerca había un arroyo donde nos refrescamos. Mi hermano había traído su caña de pescar, pero no tuvo suerte y nos tuvimos que conformar con una simple cena de comida enlatada. Cuando se hizo de noche aparecieron más estrellas en el cielo de las que jamás habíamos visto. Nos quedamos hablando hasta tarde y mi hermano dijo que le gustaría que la vida siempre fuera así de fácil y de tranquila. Finalmente nos metimos en la tienda de campaña y nos fuimos a dormir. Unas horas después (deben haber sido las dos o las tres de la mañana) me despertó el ruido de unos roces y rasguños contra el exterior de la tienda. Desperté a mi hermano y nos quedamos quietos escuchando.

—¿Por qué no sales a averiguar? —susurró mi hermano.

—¿Por qué no sales tú? —le contesté.

Se quedó callado y luego dijo:

—¿Qué tal si es un gato montés?

Yo había leído en una revista que los animales no suelen atacar a la gente si uno se queda dentro de la tienda de campaña, así que nos pasamos la noche en vela, con el corazón en la boca por los ruidos que continuaban a nuestro alrededor. Cuando por fin se empezó a hacer de día, vimos unas sombras chiquitas contra la tela de la tienda y salimos a investigar. Resulta que el supuesto gato montés no era más que una familia de perdices que seguramente habían estado tan asustadas como nosotros.

—Ni una palabra de esto a nadie —dijo mi hermano.

---

El narrador debe siempre situar su relato temporalmente.

Se podrían usar descripciones mucho más detalladas. ¿Cómo era el paisaje exactamente? ¿Qué cenaron los hermanos? ¿De qué hablaron?

Para comunicar lo que alguien dijo, puedes incluir el diálogo en discurso directo o relatarlo en discurso indirecto.

# Tema de composición

Elige uno de estos comienzos y escribe un breve relato. Puede ser algo que realmente te haya ocurrido o un evento imaginario.

1. "Anoche tuve el sueño más extraño de mi vida..."
2. "Recuerdo claramente la primera vez que me enamoré..."
3. "Nunca me he divertido tanto como la vez que..."

## Antes de escribir

Antes de empezar a escribir el relato de un evento, piensa en estos temas:

- ¿Qué estructura tendrá tu relato?
- ¿Cuál será el argumento?
- ¿En qué orden narrarás los distintos incidentes?

Haz una lista de todos los sucesos esenciales que debes comunicar al lector para que comprenda el relato. Esta lista puede servir como un armazón sobre el cual elaborar la narración.

## Escribir el borrador

Recuerda que el borrador es la primera versión, no la versión final. Piensa en el borrador como una oportunidad de escribir con total libertad lo que se te vaya ocurriendo, sin preocuparte todavía de que sea perfecto.

Al escribir el borrador de un relato, incluye todos los detalles posibles. Si se trata de una experiencia propia, esfuérzate por recordar la situación lo más claramente posible. Si se trata de un evento ficticio, intenta imaginarlo como si estuvieras presente y piensa en lo que percibirías con todos tus sentidos. Cuanto más escribas, más material tendrás sobre el cual trabajar.

## Escribir la versión final

Estos son algunos temas que puedes considerar al editar y reescribir tu relato:

- ¿Has incluido todos los incidentes esenciales? ¿Falta alguno? ¿Están relacionados lógica y claramente para que el lector pueda seguir el hilo de tu narración? ¿Faltan momentos de transición que conecten los principales sucesos?

- ¿Cuánto espacio ocupa cada parte del relato? Si un incidente o una descripción que no es esencial ocupa demasiado espacio, se puede romper la continuidad del relato.

- Revisa tu vocabulario. ¿Hay adjetivos o verbos débiles o imprecisos que puedas sustituir con palabras más efectivas? Piensa en posibles sinónimos.

- Revisa la gramática. ¿Has empleado los tiempos verbales adecuados? ¿Has utilizado cláusulas adjetivas relativas para explicar o especificar?

## 2B El relato periodístico

Todos los días leemos en el periódico o en Internet sobre lo que ocurre en el mundo. Algunas noticias se nos olvidan a los cinco minutos. Otras —las que están bien narradas— permanecen en nuestra memoria y nos afectan profundamente. Una buena crónica o relato periodístico debe cumplir con dos metas principales: la primera es informarnos de una serie de hechos; la segunda es comunicarnos su importancia y lograr que se conviertan en una realidad y no en un suceso abstracto. Estos son algunos factores que hay que tener en cuenta en un relato periodístico.

| | |
|---|---|
| **Contenido** | Toda noticia debe relatar los hechos de manera clara, breve y completa. Debe responder a estas preguntas.<br><br>• ¿QUÉ ocurrió?  • ¿POR QUÉ ocurrió?<br>• ¿CUÁNDO ocurrió?  • ¿A QUIÉN le ocurrió y a quién afecta?<br>• ¿DÓNDE ocurrió?<br><br>Más allá de estas preguntas básicas, una noticia bien narrada debe involucrar al lector en los sucesos y hacer que sienta su importancia. Para ello debe describirlos en forma vívida y detallada, transportándolo al lugar de los hechos, o narrándolos desde el punto de vista de alguien directamente afectado. |
| **Punto de vista** | La misma noticia puede narrarse desde muchos ángulos distintos. Por ejemplo, el comienzo de una guerra puede narrarse desde el punto de vista de los políticos que toman la decisión de enfrentarse, desde el punto de vista de un soldado a punto de entrar en batalla, o desde el punto de vista de un civil atrapado entre los ejércitos. El punto de vista que elijas determinará cómo entiende tu lector los hechos. |
| **Estilo** | El estilo periodístico suele ser más serio y elevado que el del habla cotidiana, sin ser nunca rebuscado, ya que la claridad y facilidad de lectura son esenciales. |
| **Veracidad y objetividad** | Tanto en su labor puramente informativa como en sus aspectos más expresivos y literarios, la narración de una noticia está guiada por dos valores esenciales: la veracidad y la objetividad. Ante todo, la noticia debe ser un relato fiel, detallado e imparcial de la realidad. |

## Modelo

A continuación verás dos formas de relatar la misma noticia. Una es puramente informativa, la otra profundiza más en los detalles y las implicaciones del suceso. Una no es mejor que otra, todo depende de cuánto espacio haya para la nota, de la intención del narrador y del público al que esté dirigida.

### Reliquias prehispánicas halladas al excavar en el metro

Siete esculturas prehispánicas en piedra fueron halladas accidentalmente esta semana durante la excavación de la Línea 6 del metro en la Ciudad de México. Las piezas, que representan dioses del panteón azteca, se han preservado en excelente estado y serán transportadas al Museo Nacional de Arqueología para ser estudiadas.

Aquí se resumen los hechos esenciales casi desde el título.

Esta nota relata la misma noticia, pero suministra más detalles y recurre al testimonio directo de un protagonista.

### Próxima estación: el pasado

En los quince años que ha trabajado como excavador en las obras del metro, Ezequiel García se ha topado con toda clase de cosas, desde restos humanos hasta una colonia de murciélagos. Pero lo que descubrió la semana pasada mientras trabajaba en la Línea 6 del metro no tiene precedentes.

"Sentí que la punta del taladro tocaba algo más firme", dice, "y paré y empecé a quitar la tierra con las manos". Lo que surgió de la oscuridad del túnel fue la espeluznante y sonriente cara de piedra de un dios azteca. Y eso fue solo el comienzo. Tras unos días de excavación, se descubrieron siete esculturas monumentales de más de dos metros de alto, preservadas casi intactas en el subsuelo por más de cinco siglos. Una vez que sean transportadas al Museo Nacional de Antropología, los expertos intentarán determinar qué figuras representan y por qué quedaron enterradas en ese sitio.

Aunque este nuevo hallazgo es particularmente especial, no es del todo insólito. Desde que en el Distrito Federal se empezaron a excavar túneles para el metro en 1967, han sido muchas las piezas y construcciones prehispánicas y coloniales halladas por accidente. Paradójicamente, un proceso de modernización urbana que podría parecer ir en contra del pasado histórico de la ciudad se convirtió en una exploración arqueológica. Los túneles del metro resultaron ser túneles del tiempo. "Dada la densidad de la ciudad, no hubiera sido posible cavar debajo de los edificios y llegar a estos lugares", dice Jorge Solórzano, uno de los arqueólogos que supervisa las obras del metro y que estará a cargo del estudio de este nuevo descubrimiento. Aunque es demasiado pronto para aventurarse a identificar el origen y el tema de las esculturas, Solórzano cree que la cara sonriente que espantó a Ezequiel García en el túnel es la de Mictlantecuhtli, el dios azteca de la muerte. "Estaba tan cómodo en su reino y le vinieron a construir una línea de metro", dice con ironía. Y cuando nosotros viajamos en metro, ¿qué otros dioses yacen tras los muros del túnel, viéndonos pasar?

---

*El título y el primer párrafo son misteriosos y sugerentes. Buscan atraer al lector relatando la experiencia del hombre que halló las esculturas.*

*Las citas son una buena forma de darle immediatez al relato.*

*El descubrimiento se sitúa dentro de un contexto más amplio, sugiriendo temas de reflexión como la relación entre la modernidad y la historia.*